牛津非常短講 006

多元文化主義

Multiculturalism

A Very Short Introduction

阿里・拉坦希——著
Ali Rattansi
吳家恆，傅士哲，非爾——譯

目次

結論

*編輯說明：本書所附隨頁註，除標示〔譯註〕外，餘為編註。

引言

所謂個人選擇，無論用社群主義如何妝點，都無法提供肯認、互惠與連結的紐帶，足以賦予我們作為社會存有者的生活意義……。另一方面，我們不能任由社群文化的主張變成約束個人的規範，而不同時擴大個人所持有的權利——不僅是理想上如此，也要落實到具體做法中，讓個人在必要時，可以抱持異議、脫離或反對所屬的社群。

（斯圖亞特．霍爾，二〇〇〇）

不同的文化須予以尊重，但不能讓文化凌駕於基本人權之上。

（雅斯旻．阿麗巴伊—布朗，二〇〇〇）

我在一九九〇年代初期出版的著作《「種族」、文化和差異》中，批評了當時在英國（特別是教育領域）實施的多元文化主義和反種族主義。我指出，多元文化主義者看待族群文化的觀點過於簡化，視之為同質的，有著亙古不變、核心與本質的特徵；在他們眼中，多元文化社會像是「一盆沙拉」，由互不相屬、自成體系的族群文化組成。他們對種族主義的定義也有問題，認為是單純的非理性偏見，以為只要學一學飲食、服飾等皮毛就能認識「其他」文化，進而消除偏見。反種族主義者說得很對，教人認識其他文化並不能解決主流文化根深柢固的種族主義；但他們將種族主義化約成階級不平等的產物，這種觀點跟多元文化主義者一樣，都是出自於某種「虛假意識」。

在實際層面，柴契爾政府掏空了多元文化主義者和反種族主義者立足的基礎。大倫敦委員會在教育及其他領域率先推行相關政策，被一些媒體當成笑柄；柴契爾夫人在一九八六年廢除了大倫敦委員會[1]。同時，荷蘭的多元文化主義也開始遭受反撲；而在向來堅守共和主義與世俗主義的法國，一直不認同「盎格魯—撒克遜」（意指英美）在文化多元主義的種種實驗，以及對多種族和多信仰的公開肯認。

我在本書試圖論述的多元文化主義並不限於英國，還涵蓋了荷蘭、法國和歐洲其他地方。雖然在加拿大、美國、澳大利亞，甚至某些亞洲國家也有長足發展，但我只會一語帶過。主要焦點還是放在西歐。

在對多元文化主義的研究當中，我意圖跨越兩個頗不相同的領域。一個立基於政治理論，討論的議題包括多元文化主義如何與建構西方民族國家基礎的自由主義調和，前者強調族群認同，後者則以個人權利為主要角色。另一個則落在社會科學與政策研究，主要關注種族和其他族群認同的本質、族群之間互動所表現出來的特徵，以及西方社會用以順應並管理與日俱增的文化分殊而發展的政策範圍。

在實際運作上，這兩個領域彼此重疊。政策必須適切考量法理原則，像是與言論自由有關的法律，會認為個人的自由是神聖不可侵犯的。言論自由的

---

1 大倫敦委員會與柴契爾政府關於多元文化主義的攻防詳情，可見第一章。

原則與族群的認同和敏感度之間的緊張和衝突，往往成為引爆點，一發不可收拾。例如作家薩爾曼．魯西迪出版《魔鬼詩篇》所引發的爭議[2]、荷蘭導演西奧．梵高遭到謀殺[3]，以及在丹麥出版的穆罕默德系列漫畫[4]。然而，礙於本書的篇幅有限，必須忍痛捨棄一章討論布萊恩．巴利、威爾．金立卡、比胡．帕雷克、查爾斯．泰勒等人的著作，這些舉足輕重的政治哲學家都探討過上述議題。不過，關於調和個人自由與族群認同的一些議題，本書的好幾個章節都有觸及。

就眼前來說，我會限縮在兩個關鍵要點。首先，對於所謂族群權利與個人權利之間的矛盾一直有很多誤解。舉例來說，允許錫克教徒騎車時以戴頭巾而不戴安全帽的例外，並不能視為族群權利凌駕個人權利的案例。戴頭巾而不戴安全帽，這個權利是由個人自身所行使，整個族群並沒有權利強迫個別的錫克教徒戴頭巾。也就是說，族群並沒有被賦予超越個體成員的權利。其次，從我在引言開頭所援引的段落可以知道，我的看法是所謂的傳統文化習俗不能凌駕於基本人權的考量之上，任何族群的成員都不應該被剝奪足以跳脫該族群文化傳統的能力。這項議題在第二章探討性別與多元文化主義時特別重要。由此衍生的論點是：在多元文化主義中，沒有空間讓文化相對主義充分發展；的確，多元文化主義者經常被指控犯了文化相對主義的毛病，但如果仔細閱讀他們的著作，就會發現事實不然。

當然，說得客氣點，近年來多元文化主義的媒體形象頗為負面；這些攻擊

---

2 薩爾曼・魯西迪（Sir Ahmed Salman Rushdie, 1947-），孟買出生、英國受教育，第二本小說《午夜之子》（*Midnight's Children*）獲得一九八一年布克獎，奠定文壇地位。一九八九年出版《魔鬼詩篇》，因為影射先知穆罕默德被撒旦欺騙，被視為褻瀆伊斯蘭教，在穆斯林國家引發抗議、燒書、示威，被當時的伊朗領袖何梅尼發出教令，全球追殺，甚至引爆英國與伊朗斷交的國際事件。魯西迪接受英國政府長期保護，仍持續寫作。

3 西奧・梵高執導的短片《服從》（*Submission: Part 1*）強烈批評伊斯蘭教對女性的壓迫，二〇〇四年十一月二日遭伊斯蘭主義者暗殺。

4 二〇〇五年九月三十日在丹麥主要報紙《日德蘭郵報》上刊出穆罕默德的漫畫，引起伊斯蘭世界的強烈不滿。丹麥政府雖然譴責刊登這類漫畫的行為，但也強調捍衛民主與言論自由，隨後，丹麥、德國、瑞典、挪威、比利時、冰島等歐洲國家及其美國報紙，以捍衛言論自由之名陸續刊登這些漫畫，伊斯蘭世界的不滿也逐步升溫，死亡威脅與各地抗議與暴力行為延燒至翌年，成為國際矚目的新聞及政治事件。

在英國始於一九八〇年代，在荷蘭始於一九九〇年代，如今已傳遍整個西歐。本書各章會確認多元文化主義的真正意涵到底為何，並以現有的證據評估各方對多元文化主義的不滿。我得到的結論是：如果用社會科學家和政府調查的研究證據來比對，在公共論辯中對多元文化主義的諸多指責，絕大部分不是被誤導、就是過於誇大。

另外還有一點也變得很清楚：許多被歸咎於多元文化主義的弊病，其實是被我稱之為「三重變遷」所引起或加劇的：一是民族國家的鬆解，對內有次國家少數民族提出分離主義的要求，例如英國的蘇格蘭人和威爾斯人，或是西班牙的巴斯克人和加泰隆尼亞人，對外則在歐盟和國際組織的權力式微；其次是曾經作為製造業重鎮的歐洲主要城市開始去工業化，二戰之後的首批移民為因應經濟擴張的需求而在此落腳；再來就是原本慷慨的福利國家措施出現緊縮。我在書中雖然探討了一些去工業化的問題，但並沒有足夠的空間可以詳論這些變遷。不過無論如何，這三點我們應該謹記在心，這是多元文化主義的故事與艱困歷程得以展開的基本背景。

變遷的步調越來越快，錯置混亂越演越烈，已經讓人深感不安，歐洲和西方稱之為「晚期現代性」時期；而始於二〇〇八年的全球金融危機，導致公共服務縮減，失業率攀高，更加劇了世人的焦慮。然而，經濟不安全感日益嚴重，社會分崩更為普遍，所引發的擔憂有太多轉移到移民議題上。在這個過程中，「多元文化主義」似乎成為西歐國家傾注焦慮的容器，這些焦慮的根源其實來自於社會與經濟變化，這些變化遠比移民和多元文化主義政策所導致的後果更廣泛。

我後續會闡述多元文化主義有其缺失，必須進入更複雜的「跨文化主義」（interculturalism）階段才能矯正。所謂「跨文化主義」可說是現在西方社會的一大特徵，由新的多種族性或維托威克所稱之「超級多樣性」所治理。在三重變遷和全球金融危機的脈絡中，這些民族國家不僅要面對緊隨二戰結束與經濟擴張而來的前殖民地民眾移入之後果，還得因應失敗國家和內戰造成的流離人口。此外，還有來自新知識經濟的勞動力需求、全球流動新時代金融部門的擴張、生育率的降低、歐盟擴張與蘇聯解體所造成的更自由的勞動力流通。

如果沒有新的、更民主、更具平等主義傾向的跨文化治理，極右翼的崛起可能演變成一股洪流，在金融緊縮、失業率上升和公共服務大幅削減的時期，將嚴重限制多族群文明的機會。我在本書的結論只能起個頭，重新思考多元文化主義要怎麼向前推進。繼近年「社群凝聚力」與「整合」政策之後，一些新政策已經開始成形（先不論其缺點如何）。這些新政策的基礎往往讓人不甚放心，從「社會資本」理論到「社群主義」哲學都有，而且也都要人支持到底，力挺意涵不明的「共同價值」和國族認同。但我們在後面篇章會看到，它們也包含了新時代的種子，立基於跨文化主義哲學（它似乎比多數的多元文化主義形式需要更多的族群對話與互動），以更適切的方式制定政策。

同時，我的討論也強調，降低族群劣勢的政策必須更有效率。只要有人意圖抑制歐洲民族國家境內階級和性別不平等的擴大，或是設法解決全球不平等的問題，都應該予以鼓勵；全球不平等只會持續把東方和南方的人口推向北方，讓北方更不願意提供工作或避難所，除非是情況太過惡劣。

第一章　什麼是多元文化主義？

最近關於多元文化主義的公開論辯之中，最清楚的一點大概就是，關鍵術語含而糊之，語焉不詳。想要給出個一般人都能接受的定義，結果用語卻是迂迴得讓人不敢領教。反過來說，用「融合」（integration）一類的詞來替代，也還是沒說清楚。所以最好還是先談談簡史和名詞解釋的先備知識，這些在後面的章節還會不時提到。

文化多樣性和多元文化主義

澳洲和加拿大在一九六〇年代末、七〇年代初開始宣布支持「多元文化主義」，這個詞也就進入公共討論之中。當時這些國家感到有必要接受「多元文化」，於是宣布支持多元文化主義，這對了解這些術語的涵義和重要性提供了線索。

這是澳洲和加拿大開始允許新移民的時期，這些移民正在把這些國家「亞洲化」。澳洲當時的移民政策僅限白人，如一九〇一年的《移民限制法》。亞洲人和猶太人都被認為不可同化的。一九七一年，官方認為有必要協助創建「多元文化」社會，為一九七三年完全廢除「種族」資格鋪了路。

鼓勵移民「融合」而不是要求他們同化。這意味著他們能夠保留「家鄉文化」的元素，而族群社區組織被視為重要的融合工具。

我已經凸顯了多元文化主義中的融合要素，之後還會這麼做，以強調多元文化主義從來都不鼓勵分開和隔離。它涉及創建結構，公平地納入移民和少數族裔，認識到移民和少數族裔渴望保留其文化的某些層面，這個願望是合理的，文化多樣性本身是值得追求的，同時國家也會以各種方式獲益。此外，我們也會看到，它具有機會平等和反歧視的成分，這一點在論辯多元文化主義的意義和有效性的時候常被忽視。

在加拿大，辯論始於一九六〇年代，英語地區和法語地區之間時有齟齬。皇家雙語及雙文化委員會建議把英語和法語列為官方語言。但是一九六九年的《雙文化及雙語法案》也掀開了加拿大其他少數族裔的問題，皇家委員會進一步建議，把更廣泛的文化多元性納入加拿大的國族認同當成官方政策。起先只限於英法雙語架構，但是到了一九八八年，《多元文化法案》擴大了適用範圍。

同理，印度、巴基斯坦、孟加拉和加勒比群島的移民湧入英國，二戰後北非移工在法國和西歐各地不斷增加，隨著移民社群開始落地生根，也把「多元文化」的問題提上公共議程。尤其是法國拒絕任何正式承認新移民的政策，但是在英國，當時的內政大臣羅伊．詹金斯於一九六六年提出一份聲明，制定了一個框架，將新移民社群納入英國的文化與政治機構之中：

> 融合或許是個相當鬆散的詞。我不認為這意味著移民會喪失他們自身的民族特色和文化。我不認為我們這個國家需要一個「大熔爐」，把每個人

都變成一個樣子，用刻板印象中的英國人去做成一系列的影印本……。因此，我不把融合定義為一個壓模子的過程，而是展現文化多樣性的過程，伴隨著在相互寬容的氣氛中的機會平等……。如果我們的文明生活和社會凝聚力要在世界上享有好名聲，我們今天就必須做出更理想的成績。

請注意詹金斯對文化多樣性和平等機會的強調。

多元文化主義和種族化

詹金斯的聲明雖然如此措辭，但也要指出，以整個西歐以及澳洲、加拿大對移民的反應來看，雖然「種族」概念的合法性在當時已經受到挑戰，但一般還是認為移民在**種族**上與大多數白人不同。多元文化主義的問題從一開始就被**種族化**了。在很大程度上，多元文化主義的根源是要回應以前往在歐洲殖民地的人口，這些人曾被視為生來就低人一等。仍然常有人把「多元種族」（multiracial）和「多元文化」（multicultural）互換使用，尤以英國為然；而在德國，納粹時期的種族主義噩夢導致了以「外人」（Ausländer）一詞來公開討論（至少在官方）這些問題。

在大多數關於多元文化主義的辯論中，「種族」可以說是房間裡的大象，人人都看得到，但無人置一詞，這個現象在歐洲尤其明顯。種族主義往往是那沒提起的陰影，對許多人來說則是不能說的陰影，不時發動攻擊，騷擾著多元文化主義，以至於在流行媒體和文化中對「多元文化主義」的批判，往往是對南亞、加勒比海非裔、北非和土耳其裔「有色移民」抱持敵意的委婉說法。全球不平等的結構已是根深柢固，這或可視為房間裡的第二頭大象。正是這種不平等驅使人口移民西歐。

其次，一部分也是因為種族化，多元文化辯論的根源在於這些新社群難以被移入國同化（assimilation）。

就算有可能「同化」，其過程也是困難重重，理由有三：在現實面，種族的獨特性實際上關係到生理的差異（比如膚色），但也隱含了不可逾越的生物和文化屏障，如果將此打破，最終會徹底改變該民族的性格；其次，移入國的「白人」族群對「有色」族群顯然有很強的敵意；最後，移民社群本身不願就此放棄自身的文化獨特性——像是語言和宗教——在文化的各個面向變得跟移入國一樣。

還有另一股政治和文化趨勢，對於多元文化主義的發展起了推波助瀾的作用：西方自由民主國家越來越能接受少數族裔有權保留自身的獨特文化，但是要在某個限度之內。至於到底應該如何限制，一直是許多關於多元文化主義辯論的核心。我們在後面會看到，「文化權利」的概念是國際人權議程大論述的一部分。

在美國，非裔美國人反對種族歧視的鬥爭也轉變為文化鬥爭，他們主張以黑為尊的文化和自尊感，體現在「黑就是美」的口號中。沒過多久，墨西哥裔美國人和其他「西班牙裔」，以及長期受到壓制的美洲印第安原住民（因為哥倫布以為自己到了印度，因而有此誤稱）也要求大眾承認他們的獨特性，有別於居主導地位的白種盎格魯—歐洲混血。在一九九〇年代，這些非白人族群要求在學校和大學課程也要肯認他們的文化，多元文化主義才進入一般人的用語之中。因此，在美國關於多元文化主義的辯論中，種族一直是舉足輕重，有時甚至是最重要的議題。

初探多元文化主義之意涵

「多元文化主義」在一九八〇、九〇年代被賦予的涵義，以一九九一年的《哈珀柯林斯社會學詞典》為例，指的是

> 承認並促進在文化上的多元論……多元文化主義稱揚並尋求促進文化多樣性，例如少數民族的語言。同時它也聚焦於少數文化與主流文化之間的不平等關係。

因此，除了種族化和同化的問題之外，我們還有其他的重要問題要關注。

多元文化的問題也關乎讚揚文化多樣性和多元化，並補救多數和少數群體之間的不平等。這些問題是在現代民族國家中多數族裔和少數族裔的問題。

二戰之後，非白人移民創造出新的多種族局面，而多元文化主義通常是指中央政府和地方當局為了管理和治理這個局面而制定的政策。但容易混淆的是，「多元文化」一詞也用來描述多民族的社會；但是本書所思考的辯論是關於多元文化主義，也就是對文化（種族）越來越多元的社會所造成的多樣性，在政策上如何應對。

擴展多元文化的含義

在討論所謂的「轉向多元文化主義」的起源時，我提到了幾類少數群體，其存在、成長以及在大多數情況下的主張和要求，導致現代西方國家出現了多元文化主義。到目前為止，我主要提到少數民族移民包括德國的土耳其人、英國的南亞和非裔加勒比人等群體，以及所謂的次國家少數民族，如魁北克人或法裔加拿大人，還有非裔美國人——他們不是次國家少數民族，而是散居四處、種族化的人口，在美國建國之前就已存在，因此其來源也與到西歐或北美的移民相當不同。此外，還有其他類型的少數族群也與整個轉向多元文化主義有關，尤其是原住民族，像是紐西蘭的毛利人、加拿大的因紐特人和第一民族[1]、澳洲的原住民以及美國的第一民族。

因此，雖然近來關於多元文化主義的辯論主要涉及西歐和美國的新移民，某個程度上也涉及非裔美國人，但是這與原住民和次國家少數族群也有關連，此一事實意味著多元文化主義涉及多數族群和少數族群的關係，必須詳加闡述，以反映其複雜性。

問題是不同類型的「少數民族」，他們的歷史和需求差異頗大。次國家少數民族如加拿大的魁北克人、英國的蘇格蘭人和威爾斯人、西班牙的加泰隆尼

1〔譯註〕「第一民族」一詞是從First Nations譯來，最早出現在一九八〇年前後的加拿大，用來取代具有貶意的Indian band，指稱加拿大境內的原住民（但是不包括因紐特人和原住民與法裔混血的梅蒂人（Métis）。「第一民族」也用來稱呼澳洲的原住民。

亞人和巴斯克人、比利時的佛拉芒人以及上述的原住民，其主張有別於後來移入英國的巴基斯坦人和孟加拉人、荷蘭的摩洛哥人和德國的土耳其人。在西歐、澳洲和加拿大，國家針對次國家少數民族，在地方自治、土地權利、獨立的法律和教育體系等方面所做的安排，在許多方面不同於後來移入的少數民族。

由於空間的限制，以及西歐和北美的歷史截然不同，我會把主要的關切放在二十世紀後半葉移入西歐的移民所引起的問題和辯論。把舊的宗教和種族人口納入民族國家的條件，意味著為不同的少數民族創造了不同的民族文化、法律和制度框架，而這對後來移民的接受、待遇和居住產生了持久的影響。這些不同的方式導致了多元文化主義的版本各有不同。雖然提及全然不同的多元文化主義的「國家模式」並不合適，但各個歐洲國家和北美的多元文化解決方案都有獨特的制度安排。

國際人權議程和多元文化主義

原住民和次國家少數民族在有關多元文化主義的辯論中所扮演的作用，也表明了多元文化主義發展更宏大敘述的重要性。正如威爾．金立卡特別指出的，我們也可以把多元文化主義的源起放在二戰之後爭取人類平等的脈絡下來看。

一九四八年的《世界人權宣言》開創了一個新時代，在原則上與一九四五年之前的種族、國家與民族的優劣觀念相距甚遠，這些觀念在希特勒統治下的納粹德國（同盟國的交戰對象）特別彰顯。

人類平等原則的新穎之處應該受到承認。一九一九年，日本想把人類平等的條款加到國際聯盟公約中，遭到西方國家斷然拒絕。這也不令人驚訝。畢竟，歐洲人參與保衛帝國，而這些帝國在亞洲、非洲很明確地奠基於種族原則，認為白人優於其他「種族」。

我在此一書系還有一本書是介紹種族主義，做了比較詳細的敘述，種族觀念在兩次大戰期間的一九二〇、三〇年代開始動搖，尤其是來自美國人類學家的質疑，生物科學（尤其是遺傳學）的新發現提供了很大的推動力。不過，《世界人權宣言》象徵了種族主義意識形態的逆轉，以及全世界對支持種族主義政策運動的抵制。

然而，要到各種從屬團體（包括歐洲殖民地的人民在內）持續抗爭之後，國際間才建立起同情人權與平等的文化氛圍。

當然，社會運動和抗爭在一九六〇年代之後有如雨後春筍，對西方民主國家的政治和公民文化產生深遠的影響。就拿最明顯的來說，婦女運動、改變同性戀地位的運動，以及日益抬頭的環保主義，都與反種族主義和多元文化主義交織在一起，創造了批評者特別稱之為「身分（認同）政治」[2]的時期。文化肯認的主張已然提出，這或許補充了稍早左翼和自由主義為財富再分配而進行的鬥爭，也可能跨越了它們、消耗其能量，這取決於不同的觀點，我們將在後面討論。

多元文化主義的多樣性

談論各國採取不同的多元文化「模式」並不恰當，一部分也是因為這意味著各國的表現是經過精心設計的，雖然如此，不同國家的多元文化主義軌跡會因各種原因而有所不同。我們在開始對各種差異稍加討論之前，可以先列出通常被認為是多元文化主義的政策，來建立一個比較的基準。金立卡和共同作者編了一份清單，有助於判定某個國家採取多元文化主義政策的程度。

這份清單是以多元文化主義政策的兩個基本原則為基礎：首先，衡量標準應保持種族中立，以至於越來越多進入多元文化主義國家的移民來自非歐洲國家，而且往往來自非基督教國家，更要命的是來自穆斯林國家；其次，移民可以保有並表達他們的族裔認同，因此如警察、學校、媒體、博物館、醫院、社會福利和地方當局等公共機構，就更有適應這些族裔身分的義務。這些原則產

2〔譯註〕identity politics，指人群因性別、人種、民族、宗教、性取向等集體的共同利益而在社會上展開的政治活動。此概念出現在二十世紀後期，尤其是美國黑人民權運動時期；由於涉及個人對於性別、族裔等身分的認同，故譯為身分政治或認同政治，本書中依據行文而有身分（認同）政治等不同翻譯。

生了八項多元文化主義政策，在不同的國家採納的程度各不相同：

一、在中央和／或地方及市鎮層級，透過憲法、立法或議會對多元文化做出肯定。

二、在學校課程中接納多元文化主義。

三、在公共媒體或媒體發照時納入少數民族的代表，並在意其感受。

四、著裝規定之豁免，例如允許錫克教徒戴頭巾而非頭盔或學校帽子，以及對禁止週日交易法律之豁免等等。

五、允許雙重市民身分。

六、資助種族組織以支持文化活動。

七、籌措雙語教育或母語教學經費。

八、以行動支持弱勢群體。

這份清單不是沒有爭議。尤其是最後一項應該更適合去制定反歧視法，像是英國一系列所謂的種族關係法案，逐步禁止在就業、住房、酒吧和餐館，以及其他資源與設施歧視「有色」少數族群。

然而，這份清單允許不同國家在多元文化主義政策的承諾強度有合理的比較。在此基礎上，金立卡與共同作者認為，在八項政策中採取六項政策的國家，應該被歸類為「強度」採行多元文化主義的國家；得分在三到五・五之間（半分表示比較是象徵性採納與實施），應被視為「中度」採行的國家；得分低於三分的國家是多元文化主義政策的「輕度」採納者。

如此分類產生以下的分級：

強度：澳洲、加拿大

中度：比利時、荷蘭、紐西蘭、瑞典、英國、美國

輕度：奧地利、丹麥、芬蘭、法國、德國、希臘、愛爾蘭、義大利、挪威、葡萄牙、西班牙、瑞士

然而，這張表只給了最簡單的指標，說明不同民族國家如何回應新來的少數族群。尤其它抹滅了各國的政策在某個類別中的差異，以及類別與類別之

間的制度差異，這並沒有照見多元文化主義不同的歷史路徑，因而也不能成為解釋差異的依據。這些差異以及造成歧異的原因是重要的。我們將會看到，歐洲民族國家發展不同的多元文化模式的關鍵影響在於現存的政教關係和所謂的「公民制度」。

澳洲和加拿大廣為採納多元文化主義，是因為他們追尋所謂的「建國神話」，其他國家也有這種神話，像是美國把自己當成移民國家，或是像英國、荷蘭和瑞典等國家，以種族和宗教認同作為民族敘事的重要組成部分。這也意味著在加拿大和澳洲，積極的多種族、多文化主義國家的概念已被當成整個國家的認同。反之，在大多數歐洲國家，多元文化主義的作用主要在於把少數民族納入民族敘事之中（有時還是無足輕重的一部分）。在某些國家，這無疑是帝國遺緒的一部分，在都會民族國家形成的過程中，殖民地子民與大都市的關係密切，但是殖民地在經濟上、在關鍵戰爭與文化等方面的作用向來被大大低估，這一點後面還會加以討論。

舉例來說，把多元文化主義在英國和荷蘭的不同歷史軌跡，放在二十世紀後半葉移民移入之前的歷史背景下檢視，對於正確理解其間的差異至關重要。這幾個國家在金立卡等人所做的分級中列為「中度」，但是其間的差異卻被這個標籤所掩蓋。

荷蘭：「柱狀化」、兩極化和一體化

荷蘭人創造了一個系統，新來的少數族群——來自印尼和蘇利南[3]，還有土耳其和摩洛哥的前殖民地的移民——在其中享有相當大的文化自主權和資源，以保有自身的文化認同。到了二〇〇〇年，荷蘭有將近九％的人口出生在國外，一七％的人雙親至少有一人在國外出生。到了一九八〇年，顯然大多數的移民會留下來——原本以為他們是「客工」，最後會回自己的國家——荷蘭

3 蘇利南（Surinam），舊稱荷屬圭亞那，原為荷蘭在南美洲的殖民遺跡，一九五四年成為荷蘭王國海外自治省，一九七五年獨立。

政府制定了所謂的「少數族裔」政策規畫。政府支持少數族群辦自己的報紙、開設獨立的電視頻道，給予更多的資源來保存母語和文化。如此一來，荷蘭人走了一條老路來治理國內不同的文化群體。他們已經建制了一個橫跨不同文化領域的「柱狀化」結構，這個結構從十九世紀開始就讓新教徒、天主教徒、猶太人和有著不同政治傾向的群體——自由主義者和社會主義者——和平共存，縱使彼此只有最小程度的接觸。恩青格已經指出，到了一九六〇年代，世俗化的力量、尤其是整個走向個人化，柱狀化的影響力已經大不如前。但是在教育領域仍然舉足輕重。即使如今只有三分之一的荷蘭小學是公立的，其他的都是私立學校，由宗教團體或抱持特定教育主張的人來經營。

在一九八三年之後，針對新來的少數族群的政策目標更加明確，目標是「讓荷蘭的少數族群的成員——無論是個人或群體——都處於平等地位，並擁有充分的發展機會」，這就是一般所稱的「整合但不失認同」（integration with retention of identity）。

然而，「柱狀化」的特殊歷史意味著荷蘭的少數族群政策，比其他國家的政策在建制上更加分離，少數族群有更大的自由和資源來發展自己的學校、報紙、廣播設施和文化協會。

荷蘭人很少把自己的政策稱為「多元文化」，這件事在我與著名學者恩青格的私下交流中得到證實。即使是在一九八〇年代，鼓勵新來的少數族群多元化的動作也更加明確，這些倡議也還是被稱為「少數族裔」政策。只有在事後回顧，而且通常是在荷蘭以外，這些政策才被稱為「多元文化主義」。諷刺的是，荷蘭的政策深受以前的協商民主或柱狀化歷史所影響，在歐洲各國的多元文化主義之中，只有它才可以真正被指控助長了族群分離，但是這種指責如今卻常用來針對各種形式的多元文化主義。

荷蘭在一九九〇年代反對少數族群政策的形式，預示了其他歐洲國家所採取的形式。總的來說，這些政策因未能在經濟和文化上納入少數族群而受批評。荷蘭語不夠流利、不熟悉荷蘭社會被認為是很嚴重的障礙。於是就要求新移民參加新的語言和公民融合課程，到了二十一世紀，條件變得更嚴格，移民要自費上課，融合的責任更加轉移到移民身上。然而，官方同時又承認荷蘭是個移民國家、多元文化的社會。

正如普林斯和薩哈索已經指出的，評論家適時開啟了所謂的「新現實主義」。這種觀點假設了西方自由主義採取言論自由和世俗主義的原則，與伊斯蘭少數民族文化的壓制截然不同。這有一部分是受到發生在荷蘭以外的事件所影響，特別是英國的魯西迪事件。這種兩極分化與此指控有關聯：縱容少數文化造成他們更與荷蘭主流社會脫節——這種聲音之後在歐洲各地迴響——也使得他們更依賴社會福利。

九一一事件之後，荷蘭就跟其他地方一樣，反對少數民族政策的聲音抬頭。皮姆・佛杜恩的宜居荷蘭黨崛起[4]，他攻擊福利國家、歐洲統一、伊斯蘭教、自由寬容、教會的自由主義，以及移民和尋求庇護的人不斷到來。他大受歡迎引發的爭議在以下事件後更升高了對立態勢：二〇〇四年十一月，電影製作人西奧・梵高（後面會詳細介紹）遭到一名穆斯林刺殺，跟他一起拍紀錄片的國會成員阿雅安・希爾西・阿里受到威脅，她本身是穆斯林移民，批評伊斯蘭教不遺餘力。

在二〇〇七年之後，反移民和反伊斯蘭言論的強度有所和緩，對尋求庇護者採取更有同理心的政策，這無疑是因為歐洲理事會和人權觀察譴責荷蘭侵犯尋求庇護者和移民的權利。然而，惡毒地反伊斯蘭的自由黨崛起，進一步把一股更不穩定的力量帶入荷蘭的政治之中。

英國：「種族」、「本質主義」和變化中的肯認政治

在英國的情形，有一段常被反覆訴說的簡史，說明了英國對待二戰結束後

4 皮姆．佛杜恩（Pim Fortuyn, 1948-2002）曾任大學教授，也是政府顧問，後來成為著名的專欄作家和媒體評論者，早年是工黨成員，九〇年代後開始轉向，對荷蘭的多元文化主義、移民以及伊斯蘭問題提出極為挑釁的言論，被媒體稱之為極右翼民粹主義；但他並不接受這個標籤，他也是公開的同性戀者並積極支持同性戀權利。二〇〇一年受邀競選宜居荷蘭黨領袖，翌年因對移民和伊斯蘭教的言論被該黨解雇，隨後創立自己的政黨——佛杜恩名單。佛杜恩遇刺後，該政黨短暫取得亮眼成績，隨後因內部鬥爭而萎縮，支持者多加入自由黨。可參見本系列《民粹主義》。

來自前殖民地——其中有許多到了一九六〇年代還是殖民地——移民的方式，就像他們在殖民地當「本地人」是一樣的。就如法威爾所言：

英國藉著讓當地人保持原來的模樣來進行統治，把他們在當地文化中發現的機制……經過調整之後……把當地人文明化〔原文做此〕……。英國將其帝國視為不列顛文明的領土，世界上各文化都可以在不落之日下蓬勃發展。

但是懷疑心重的評論者還會加上一句，英國人在征服印度和非洲時學到了如何分而治之，並透過吸納當地的統治階層，讓殖民地人民屈服，然後馴化來自殖民地或前殖民地的移民，以增加戰後重建的勞動力。甚至，大英帝國還促進了把英國視為「母國」的說法，而許多西印度群島人居然還相信這個說法，尤其是他們在一九四八年首次登上「帝國疾風號」等船隻來填補不需技術的工作（特別是黃昏產業），英國的白人開始轉而選擇收入更高、負擔較輕、更需技能的工作。

一九四八年的《國籍法》似乎證實了英國的確有如母親，歡迎海外的孩子投入懷抱，根據這項法案，凡是來自澳洲、紐西蘭和加拿大殖民地和白人自治領的人都可授予公民身分，並能自由入境。

但是從我在本系列的《種族主義》的論述可知，一切都不同於表面所見。如今我們從檔案得知，一九四八年的《國籍法》保障了公民身分與自由入境，但其實只允許自治領地的白人自由往返並定居。幾乎沒有跡象顯示，那些有機會受《國籍法》保障的人是來自西印度群島、印度和巴基斯坦的「有色人種」。英國的工黨政府試圖阻止「疾風號」航行，因為政府打算採行的政策是招募白種波蘭人和其他流離失所的東歐人。當這艘船開航之後，殖民地的公務員被派往西印度群島和印度，不讓其他人跟進，並盡力宣傳英國沒有工作機會。

但是不斷成長的國民保健服務和需人孔急的倫敦交通局不久就開始在西印度群島和印度招募新人。在英格蘭北部、中部和倫敦製造業的雇主也在搶移工，缺人的消息傳到西印度群島、印度和巴基斯坦，便造成了移民「鏈」。隨著殖民地人民和脫離殖民地之後的移民進入荷蘭與法國，就連熟練的工人也被迫從事不需技術、骯髒而危險的工作，在經濟蓬勃發展的年代，那些要上夜班的工作被英國白種工人所唾棄。「有色」移民在比較窮的社區找到廉價住房，他們的選擇受到收入和寄錢回家所限制，還遭受房東和當局對他們的歧視。

在英國常用「有色人種」和「黑人」，更不用說像是「外國佬」（wog）這種更侮辱人的字眼，這說明了英國在用語與態度上的種族化，比歐洲其他地方更為外顯，而新來的少數族裔以前就是被人用這種措辭和態度所管理。荷蘭一直都有少數民族政策，但英國人卻是用「種族關係」來處理相關問題。羅斯在一九六九年寫了一份關鍵報告，以《膚色與公民身分：關於英國種族關係的報告》為題而沒有引起爭議。「多種族」和「多元文化」繼續當成同義詞。

然而，這種公共論述的種族化有個糟糕的結果，就是讓毫無可信度的「種族」觀念具有正當性，讓白人生來就高人一等的種族意識形態包袱有容身之處。公共論述的種族化伴隨著力道越來越強的反歧視措施，出現了《種族關係法》（第一次通過是在一九六五年），其規範遠遠超前歐洲其他國家。其中最重要的是一九七六年的《種族關係法》，該法承認無意而間接的歧視需要改革糾正。當然，既然種族其實並不存在，反種族主義的立法面臨如何定義「種族群體」的難題。值得注意的是，受美國民權抗爭所影響，英國的反種族主義活動人士採用了具有種族意味的「黑人」分類，把南亞人和非裔加勒比人聯合起來，共同對抗就業和公共服務的歧視，隨著亞洲人發展出大量的宗族組織並提出切身的移民議題，此一策略最後也告失敗。

經過漫長討論之後，隨著《大英國協移民法》以及國籍與公民身分法案的通過，限制「有色人種」移民的計畫終於在一九六二年開始實施，阻止移民從所謂的新國協移入（家人團聚除外）。這基本上把「有色」的殖民地人民與澳洲、紐西蘭與加拿大自治領的白人區分開來。一九八一年《國籍法》終止「屬地主義」的做法也深具意義，此後，非公民雙親在英國生的孩子不再具有公民身分。

英國的多元文化主義一直有一種自覺的雙管齊下的途徑，一方面把已經在該國的移民「融合」進來，另一方面嚴格限制「有色」移民進一步移入，然後把這兩方面結合在一起。

不列顛以白人為尊，主流媒體（他們對多元文化主義早已懷抱敵意）、甚至中間偏左的政治人物（他們一般能夠同理多元文化主義者的看法）對這種意識一直激辯不休。二〇〇〇年，帕雷克針對「多民族的英國」發表報告，喧騰一時，就可看出這一點。但是這個看法中有一項重要的事實。英國是個多民族的國家，在英國的文化霸權之下聯合了英格蘭、蘇格蘭、威爾斯和北愛爾蘭，始終難以把「英國」、「蘇格蘭」、「威爾斯」或「愛爾蘭」的地位給非白人公民，他們必須在定義不明的「英國性」（Britishness）中找到認同。棕色或黑皮膚的人常會被問到：「但你到底／本來從哪裡來的？」或「那你的祖先是打哪兒來的？」這種問題會讓英國的亞裔和非裔加勒比人感受到不被接納。「帕基」（Paki）或「黑鬼」（nigger）的身分經常凌駕於亞洲人或非洲人的自我歸屬之上，而將「多種族」和「多元文化」混為一談，意味著反對移民在英國往往是透過反對「多元文化主義」來表達。

在學校裡倡議多元文化主義和反種族主義，要地方當局提供服務，特別是為少數族裔建立社區協會，往往是少數族裔出錢或部分資助，許多還有地方當局提供房舍，這說明了重要的文化轉型也許開始扎根。在英國國內，最先是藍普頓報告調查西印度人在學校成績不佳的情況，之後一九八二年的斯旺報告，建議在學校實施多元文化教育。一九八〇年代倫敦和英格蘭中部的城市騷亂[5]有黑人青年參與其中，讓城市裡黑人的劣勢、成就不高和失業問題直接進入公共議程，尤其是當史卡曼報告探討倫敦布里克斯頓的暴動時，認為處處可見的劣勢和不平等造成黑人青年的沮喪和憤怒，而不是歸因於警察和其他機構結構性的種族主義。

柴契爾政府在一九七九年執政，多元文化取得進展的種種希望遭受嚴重打擊。斯旺報告的建言被擱置。學校教材強調以白人為主軸的英國史和基督教精神。中央政府和媒體一再攻擊工黨控制的地方當局，這些政府（特別是倫敦）花很多心力在多元文化上，通常由左翼當政，以至於「瘋狂的左派議會」（loony

5 一九八一年，英國警方在倫敦的布里克斯頓展開行動，以合理懷疑原則，得以對少數族裔進行搜查，據稱有警方對黑人採取粗暴的手段，引發族群情緒；警方與有色族裔之間的緊張關係，後續在倫敦、布里斯托、伯明罕、曼徹斯特、利物浦等多個城市時有動亂。

Left councils）一詞牢牢嵌入國家意識之中，被當成為了「政治正確」而做出瘋狂提案的代名詞。正如媒體研究者後來所指出的，小報甚至會編造故事，像是有人提案禁止使用「黑色垃圾袋」或是禁唱兒歌「咩咩黑羊」。

在象徵意義上，反對倡議多元文化與反種族主義最厲害的一招是柴契爾政府在一九八六年廢除了大倫敦委員會[6]，委員會在立場左傾的李文斯頓[6]領導下，正式把反種族主義的精神放入推動事項的核心，以激進的方式促進平等，尤其是在教育方面，重視女權主義及更激進的平等主義的程度，超過對階級不平等的看重。

大倫敦委員會在反種族主義一事的做法更激進，也開始與自由主義者漸行漸遠。以「反種族主義者」自居的人嘲笑那些被他們稱為「多元文化主義者」的人，雙方出現分歧，而在學校是否採取干預這點特別可以看得清楚，他們彼此的觀點互相衝突。反種族主義者常與種族關係研究所一個鼻孔出氣，質疑自由多元文化主義者推動在學校裡教「其他文化」的政策，是否真的能直接挑戰種族主義者的態度和做法；反種族主義者指出，瞭解少數民族的文化並沒有辦法解決多數文化中的種族主義問題。不管怎麼說，就像評論家指出，在學校裡教少數民族的文化流於陳腐膚淺，把焦點放在讓白人學童接觸印度和西印度的食物、音樂和服裝形式——後來被稱為「紗麗、印度咖哩餃和鋼鼓症候群」（'saris, samosas, and steel drums' syndrome）。在反種族主義者眼中，這種活動只不過是轉移注意力而已。

此外，正如批評這些早期嘗試引入多元文化主義的人所指出的，這種支持「本質主義」的等級是不可接受的。

大多數多元文化主義的學者已經認識到，如果要就多元文化主義進行有

---

6 大倫敦委員會（Greater London Council, GLC）：從一九六五年到一九八六年，大倫敦委員會是大倫敦地區的最高地方政府行政機構；解散後權力移交給倫敦自治市鎮和其他實體。直到二〇〇〇年成立了一個新的行政機構，稱為大倫敦當局（GLA），市長由直選產生。

7 肯・李文斯頓（Ken Livingstone, 1945-），一九七三年當選為大倫敦委員會委員，一九八一年工黨贏得了多數席位，李文斯頓接管了該委員會的運作，推行民主社會主義的施政開銷龐大，左翼立場也不見容於中央保守黨當局，柴契爾政府依據一九八五年地方政府法案解散大倫敦委員會。之後李文斯頓轉任下議院，二〇〇〇年贏得直選，擔任大倫敦市長至二〇〇八年五月。

建設性的辯論，文化本質主義是最大的障礙之一，同時也阻礙了多元文化主義政策的制定和實施。許多形式的多元文化主義，包括在英國的學校和社會服務所發展出來的內容，的確是以「本質主義」的方式在運作，也就是少數民族文化的簡化版，並傾向於認為它是具有少數幾個不變的關鍵特徵緊密結合的實體——被稱為「撞球」症候群。反種族主義者和其他評論者指出此一缺陷是很正確的。另一方面，保守派評論家則使用本質主義版的英國性，從一個更接近同化主義的角度來討論移民理應融入，這個問題主要會留待第五章來討論。

在保守黨當政的一九九〇年代，多元文化主義者和反種族主義者在國家層級的倡議持續遭到拒絕。我們就舉一個例子，一九九七年一月，梅傑政府否決了歐盟建立歐洲仇外與種族主義監測中心的計畫，這個中心是歐洲啟動「反種族主義年」的標誌。一直要等到工黨政府在同年稍晚執政，這些問題才有進展。新政府還通過了歐洲也同意的人權立法，並對黑人少年史蒂芬・勞倫斯[8]遇害進行調查，此案暴露了倫敦大都會警察局內部根深柢固的種族主義文化和做法，讓兇手得以逃過起訴。

然而，到了地方的層面，很多情況就有所不同。在保守黨執政期間，許多英格蘭北部城市在多元文化方面並無建樹，不過在二〇〇一年遍地開花的城市騷亂[9]之後，很快就暴露出這方面的怠忽，萊斯特等城市鴨子划水，持續把資源投注在學校和社區，如今已被奉為典範。許多倫敦的行政區也繼續推出多元

---

8 一九九三年四月，十八歲的的史蒂芬・勞倫斯（Stephen Lawrence, 1974-1993）在倫敦東南區的巴士站等車時，遭到五、六名男子刺死。案發後警方處理的方式讓人震驚：即使早有嫌犯的姓名，警方卻過了兩個多星期才逮捕，最後官方結論是無足夠證據進行起訴。勞倫斯案中警方的拙劣表現激起英國國民（不只少數族裔）開啟對英國種族主義更細膩的討論。一九九九年由政府委託對倫敦大都會警方的初步調查，指責警方無能、領導不力，同時有與此案密不可分的「制度性種族主義」問題。二〇〇六年倫敦警察廳下令重新調查勞倫斯謀殺案的證據，二〇一二年一月，兩位主嫌被判處重刑。

9 二〇〇一年入夏，英國北部多城在六周內發生三起嚴重的種族騷亂事件。奧爾德姆城白人與亞裔的衝突本已公開化，進入五月，一群白人青年搗毀亞裔經營的商店，種族衝突越演越烈，在五月最後一個周末（二十六、二十七日）爆發嚴重的種族騷亂；六月初，因不滿警察逮捕一名當地孟加拉裔人的方式，里茲街頭數百名亞裔年輕人向警方投擲石塊、焚燒汽車與一座建築物；七月七日，布拉福又發生大規模騷亂，參與者總數高達兩千人，以孟加拉裔和巴基斯坦裔青年為大宗，最終導致八十餘名警員受傷，六名參與者送醫，十八人被捕。

文化的措施，像是以好幾種語言來印製傳單，持續對從事衛生和社會服務的工作者進行所謂「種族意識」或「多樣性」的訓練。有證據顯示，一些工黨執政的地方當局——特別是倫敦、伯明罕和里茲——向少數族裔提供資源，以確保他們的投票權，也顯示少數族裔意識到手中選票的影響力並加以利用。這也導致社群內部的歧見更深，讓那些由於各種原因而成為「社群領袖」的人有太多的資源去攏絡人心。在英國批評多元文化主義的人，像是馬利克和哈桑，強調了這個不均衡的過程，試圖抹黑多元文化主義，因為它分散了人們的注意力，忽略了去糾正種族和更廣泛的不平等。但同樣清楚的是，也有人真正致力於處理種族劣勢（不過方式各異），並透過蓬勃發展的地方組織，以及一九九二年加拿大著名哲學家查爾斯・泰勒所提的「肯認政治」(politics of recognition)[10]等其他形式來整合少數民族。

許多激進的反種族主義者和一般平等主義者對本質主義的疑慮，往往與這種批評有關（表達得最淋漓盡致的當屬美國作家托德・吉特林）：建立多元文化主義的驅力，以及發展其他像是女權主義、同性戀權利、動物權利和環保主義等的「新社會運動」，導致一種「身分政治」的形式，轉移了注意力和精力，無法全力減少階級不平等，進行「真正」的鬥爭。

有時候，辯論會透過指責，而以稍微不同的方式展開，最有名的是另一個美國人南希·佛雷澤提出的指控，她認為多元文化主義和反種族主義主要是關乎「文化肯認」的鬥爭，這減損或切斷了一個更重要的需要：為物質資源的重分配而戰，馬利克等評論家在英國也呼應了這層擔憂。這兩項指控都有所誤導。吉特林式的批評沒有理解到，即使是階級衝突也涉及社會認同，而且也沒看出以前過於強調階級，忽略了性別、性和種族的不平等，而這些都不是小問

10 查爾斯·泰勒（Charles Taylor, 1931-），雙語雙文化家庭成長的加拿大哲學家，牛津大學哲學博士，成名作《黑格爾》強調了黑格爾哲學與當代政治和社會理論的關連；一九八九年，出版《自我的來源：現代身分的形成》（*Sources of the Self: The Making of the Modern Identity*），探討了現代西方世界中自我或人類主體的多樣性。發表於一九九二年的著名論文The Politics of Recognition，他試圖提供更深刻的哲學解釋，解釋為什麼西方社會中的群體，越來越要求公眾肯認他們基於性別、種族的特定身分。泰勒傑出的學術生涯與政治參與交織，亦活躍於提倡社會民主綱領的加拿大新民主黨（NDP）。

題，都需要趕緊補救，整個來說，這在過程中將會深化民主和更加平等的社會關係。同時，正如許多評論家——帕雷克也許是最簡潔的——所指出的，重分配和肯認並非針鋒相對，而是相互交織，需要彼此協力來達到強化經濟平等和更寬廣的文化表達與多樣性的總體目標。

正如我在一九九〇年代初的一篇論文所指出的，以英國反種族主義者自居的人也因過分依賴減少種族不平等和種族主義，而無法以各種形式來分類。這意味著，儘管他們對多元文化主義者本質主義的批評頗受採納，但如果要採取更複雜的策略，取代因反種族主義者與多元文化主義陣營間的鴻溝所造成的破壞性分歧，那就有必要跟階級化約論保持距離。我也認為，性別問題（包括男性特質）也需要把女性主義者的關切納入其中。一九八六年，曼徹斯特伯尼吉中學一名亞洲學生遭殺害[11]，一九八九年的調查報告已經預示了若干批評：該校的反種族主義政策因為過度的道德色彩，疏於把白人勞工階級父母納入政策中，也未能應對處處可見的崇拜男性陽剛的暴力文化，都與謀殺悲劇的發生不無關係。多元文化主義被視為犧牲白人，讓黑人和亞洲人享特權，而非試圖消除種族社會經濟的劣勢，以及處理少數族裔在文化上被排斥於國家身分認同之外，未能廣納白人的意見，最終招致強烈的怨恨。

二〇〇一年英格蘭北部城市遍地開花，爆發多起暴力事件，這是一道分水嶺，影響一九九七年首次執政的工黨政府至鉅。各界把這波動亂歸咎於多元文化主義，它造成少數族裔過著「平行生活」。

一種新的一體化主義（在許多方面類似於前面討論的荷蘭的轉變）在英國逐漸生根。「社群凝聚力」（它理應與多元文化主義截然相反）的新時代開始成形。我會在第四章詳細探討。

就目前來說，值得注意的是，荷蘭與英國發展出來的多元文化主義形式

11〔譯註〕：這樁謀殺案是就讀於徹斯特伯尼吉中學的庫本（Darren Coulburn）殺害了同校的烏拉（Ahmed Iqbal Ullah），由於加害人與被害者都只有十三歲，且行兇動機與種族主義有關，英國社會譁然，餘波盪漾。人權律師對曼徹斯特各學校的種族主義與暴力展開調查，一九九九年成立了阿梅德．伊克巴．烏拉種族關係資源中心（Ahmed Iqbal Ullah Race Relations Resource Centre）。

都非常務實，是從上而下的產物，少有真正的公共辯論，多數或少數群體也沒有參與，這種自由主義的家長式作風在面對來自底下的民怨或不公平感的爆發時，往往有如無頭蒼蠅般惶然。

雅斯旻·阿麗巴伊—布朗的諷刺有幾分真實性：

政治菁英沒有讓白種英國人準備好因應在二戰之後所做的改變——而關於移民對英國是利是弊，政治菁英給出的訊息也仍是正反參半。此一時，在英國的人被說成是帝國的主人，上帝賦予他們教化野蠻人的責任——彼一時，這些黑人和亞洲人在公司餐廳裡要求得到平等的對待。英國白人被告知，黑人和亞洲移民是威脅，但同時又要他們平等對待那些已經在這裡的人。

法國：世俗主義、移民和實質上的多元文化主義

以美國和英國為代表的「盎格魯─撒克遜」途徑──公開肯認少數民族，致力振興少數民族的文化，標榜文化多樣性和多民族性──本身就是個錯誤的命名，法國政府與其地方當局對外擺出一副與這個途徑勢不兩立的姿態。

法國採取的方式受世俗主義概念的影響特別深。法國的世俗主義（laïcité）涉及正式的政教分離，在走過曲折的世俗化歷程之後，國家保障每個人都有進行宗教崇拜的自由，資助在學校和監獄設有牧師，但禁止公共紀念碑出現任何宗教的「標誌或象徵」，最後在一九〇五年的政教分離法得以確立。法國的世俗主義就跟其他的世俗主義一樣，一直都能接納不同的詮釋和制度的安排。費策和蘇培區分了「嚴格」和「寬鬆」的版本，在不同時期、在政府的不同部門、以及在神職人員、教育工作者和政治人物之中具有很大影響力。教師工會、女性主義者和「共和派左翼」支持嚴格的版本中，只要公開祈禱、拒絕在學校食堂吃某些食物、穿著宗教服裝或首飾，都被視為違反世俗主義。「多元文化左翼」、人權活動分子還有許多基督教、猶太教和穆斯林領袖接受的是較溫和的版本，支持國家資助宗教學校，鼓勵不同信仰之間的對話，並鼓吹學生只要尊重宗教多元論的立場，他們也有表達宗教信仰的自由。他們還認為，嚴格版的世俗主義違反了國際法和人權公約。

最近幾年，不同版本的世俗主義在不同的穆斯林頭巾（hijab）爭議中扮演了角色，我在下一章會詳細討論。

在二戰結束之前，法國經歷了來自波蘭、義大利、西班牙和葡萄牙等歐洲國家的大量移民，也確實受到鼓舞。這幾波移民潮有兩個特點，有別於一九四五年後從北非前法國殖民地開始的移民潮。首先，歐洲移民沒有被種族化，因此不會被認為造成任何同化的問題。這讓法國得以繼續認為移民並不會影響法國的自我認同。其次，共產黨及其工會在組織、整合移民上發揮了重要作用，因此鼓勵了各民族的集體性，成立各自的政治組織，這個現象甚至持續到二戰結束之後。

然而，來自馬格里布[12]殖民地的移民既非歐洲人、也非基督徒，在種族上被當成外人，而且多少也無法融入。一直到一九六九年，提交給聯合國經濟及社會理事會的卡爾維茲報告還建議，國家應將來自北非的工人視為僅與特定勞動力需求相關的「臨時工」，並應與來源國正式合作以控制移工入境。此外，由共產黨控制的城市之前是以「團結的傳統」來對待歐洲移民，把新移民看成臨時居民，必須鼓勵他們回家。正如哈格里夫斯、夏恩等人所指出的，這甚至會影響北非族裔的住房和學校的配額。因此，就如夏恩所言，共產黨人還是把移民當成集體，但這次採用「排外的方式」。「移民」一詞僅適用於非白人。在學校裡的阿拉伯語課程是與原籍國商討規劃出來的。一九七四年六月不再接受非歐洲共同經濟體國家的移民，這個措施與英國一樣，但是允許家庭團聚。

左派在一九八〇年代試圖讓國家參與種族承認與動員，以緩和對移民的敵意。但總的來說，共和派的模式仍在，進一步的一項結果就是，依然不給予少數民族官方的承認，人口普查就是一例。

北非來的移民大多是穆斯林，他們發現自己碰到雙重的障礙。法國人把他

12 馬格里布 Maghreb：非洲西北部地區，主要包括現今摩洛哥、阿爾及利亞和突尼西亞等國所在的區域，十九世紀是法國殖民地。

們種族化，而且向來就對公開表達宗教立場的態度矛盾、抱持敵意，而這與穆斯林公開進行宗教活動的做法相衝突。

在實際的做法上，法國政府還執行了一種「實質的」[13]多元文化主義，無論這個詞多麼令人憎惡。一九八一年的一項法律取消了對北非移民的限制，他們可以用跟歐洲移民同樣的方式來建立種族組織。這類組織有如雨後春筍般蓬勃發展，到了一九八〇年代末，起碼有三千個，他們扮演居間面對工會、地方當局和政黨的角色。至少有一千個組織公開表達伊斯蘭教的立場，而像SOS反種族主義協會等組織則沒那麼鮮明。政府還在比較貧窮的地區設立教育優先區（ZEP），就跟荷蘭、英國和等地一樣，移民只能住在比較貧窮的地區，而在一九八〇、九〇年代一連串的動亂，也有移民青年參與的身影。

一九九〇年，穆斯林各組織的代表受邀在法國組成「伊斯蘭未來審議委員會」，最能說明普遍主義的對外說法、反對多元文化主義與國家實際作為之間的矛盾。政府緊接著又資助了數個伊瑪目[14]的培訓機構，試圖建立一個不受外國影響的法國伊斯蘭教。二〇〇三年成立了法國穆斯林文化委員會，這是一個中央層級、具有全國代表性的穆斯林委員會。

關於頭巾的爭議持續不斷，說明了法國公共文化中的緊張關係，一方面是對種族和公開宗教信仰的務實讓步，另一方面是想要維繫雅各賓共和主義傳統。好戰的伊斯蘭勢力在國際間興起、城市失序在二十一世紀處處可見，年輕的北非移民後裔（多半是穆斯林）抗議失業和警察執法過當——後面還會詳細討論——以及有需要與蓬勃發展的種族組織取得聯繫，使各種形式的實際上的多元文化主義得以延續。

答案似乎很清楚，左翼和右翼政府都得出一個結論：對法國來說，最好的行動就是設法承認文化差異，並與法國共和主義的傳統相結合。然而，這種妥

---

13 這裡的「實質上」譯自de facto，拉丁文原意指即使不被法律承認，現實上仍存在著的事實。在使用上，有該事實的形成是約定俗成而非明文規範，甚至是違反規範之意。

14 伊瑪目imam：阿拉伯語的「領袖」之意。在不同教派有不同重要性，對遜尼派而言，指的是可以領導伊斯蘭禮拜、祈禱、擔任社區領袖並提供宗教指導的人，任何人都可以學習基本的伊斯蘭科學並成為伊瑪目。但什葉派的伊瑪目代表教長，是人和真主之間的中介，有特別神聖的意義，也是伊斯蘭社區絕對無可置疑的領袖。

協仍然不涉及在人口普查中提出種族問題。少數種族公民到底有多少，仍然只是有根據的猜測。這到底是不是社會政策的可行基礎，在法國的公共生活中仍然莫衷一是。

二〇一〇年十一月有一個重大的發展，法國國家統計局首次發布官方數據，比較第一批父母是移民的法國公民與父母是法國人的就業模式差異。父母來自北非的法國男性，就業率為六五％；而雙親為法國人的法國男性，就業率為八六％；女性的數字分別為五六％和七四％。統計局承認，歧視可能是造成差異的重要原因。另一件同樣重要的事，薩科吉總統宣布廢除移民及國民身分部，承認該部會導致「緊張與誤解」。設置該部受到知識分子和歷史學者的批評，左翼則認為該部汙名化移民，暗示父母是外國人的公民是國家的威脅。這是在立法通過在公共場所全面禁止戴面紗之後不久提出的。

德國：一個「民族」國家接受公民身分的要求

德國從十九世紀初以來就有一個概念，認為只有經過驗明正身，才算真正屬於德國這個國家，納粹時期的大眾民族主義更強化了這種文化意識。從一九五〇年代到一九七〇年代初，數百萬外籍勞工從義大利、希臘、葡萄牙、土耳其和南斯拉夫來到德國，但公民政策仍然採取嚴格的「血統主義」(ius sanguinis)。這表示世界各地的數百萬「德意志民族」可以自動取得公民權，但外籍勞工卻沒有獲得公民身分的管道，德國也因實施「客工」政策而惡名昭彰，讓外籍勞工隨著經濟所需而往返旅行。一九七三年的一千四百萬名「客工」之中，約有一千一百萬人在石油危機和經濟衰退之後離開德國。但有將近三百人萬土耳其工人留下來，在德國和國際法庭的支持下，把家眷一起接來德國。如今德國約有七百五十萬來自外國的居民，占總人口的九％，有人甚至估計達一千四百萬。

德國在一九九〇年代開始進行公民法的修改，終於承認它必須放棄「德國不是移民國家」的主張。二〇〇〇年的公民法和二〇〇五年的移民法帶來更根本的改變，更明確標誌著把外籍勞工當成德國人。

在一個民族自我意識如此強烈的國家，多元文化主義不曾得到官方的全心認可，民眾也從未認真支持，這並不足為奇。德國的土耳其人經常呼籲要更朝向多元文化主義、接納多樣性邁進，但即使是最初表示同情的綠黨，即使他們還是肯定移民和多樣性的優點，但似乎也不再支持這個想法。二〇一〇年十月，德國總理梅克爾宣布多元文化主義「徹底失敗」；說來諷刺，因為政府幾乎沒有推出任何多元文化的政策。

為了因應當地的情況，政府做出一些讓步，特別是在法蘭克福和斯圖加特等移民人口眾多的城市。法蘭克福在一九八九年就設了一個多元文化事務辦公室。它在地方機構中提倡反歧視措施，宣傳寬容與接受多樣性，並提供調解和解決衝突的服務。在國家的層級已經採取措施來改善移民兒童的教育表現，特別是加強德語學習。少數族裔的母語教學仍然處於教育系統的邊陲。憲法保障宗教自由，聯邦的結構也提供了一些政策空間，不過建造清真寺和穆斯林婦女戴頭巾還是激起敵意和反對。德國人和外國公民通婚比率逐漸增加，從一九六〇年的四％，到二〇〇〇年已達十六％，凱倫·申瓦爾德等評論家普遍認為這是好現象，可望自下而上、接受文化多樣性。

「跨文化主義」的概念在德國已經廣為流傳，而且比多元文化主義還流行，它試圖鼓勵少數群體與多數群體之間的互動和對話。我在本書的結論會多談一談這個發展。

我在這裡沒有餘裕比較奧地利、丹麥、瑞典、義大利和西班牙的情況。由維托威克和魏森朵夫合編的《多元文化主義的反彈》在提供這些國家的訊息方面特別有用。

結論

西歐在二十世紀後半葉對移民和多元文化做了調查，任何有根據的調查都可以看到幾個結論。擺在眼前的事實是（對許多人來說也是令人不安的事實），來自世界較貧困地區——主要是西方帝國強權的殖民地和前殖民地——的非白人移民，既不受歡迎，也得不到好的對待。英國工黨的立場向來激進，在一九四五年執政，卻對「帝國疾風號」即將啟程駛往英國的消息感到失望，而這艘船所載著的西印度乘客，其中有許多人曾在戰爭中為英國流血流汗。政府發了瘋似地試圖阻止這艘船航行，還告訴其他的殖民地以及剛獨立的印度和巴基斯坦，英國沒有工作機會。法國人試圖把北非移民視為移工。德國人在法規上已經限制其他種族取得公民身分，又創建了一個嚴格的客工制度（法國、英國和荷蘭政府或許也想建立這種制度）。不管怎麼說，「柱狀化」的傳統讓荷蘭能讓非白人移民與荷蘭主流社會保持距離，而西歐的政府和大部分白人都希望移民只是一時停留。

西歐製造業和公共部門——尤其是交通和衛生部門——急需勞動力，無視政府立場，從殖民地和前殖民地大量招募新血。第二個結論是，無論這些工人的教育和專業技能如何，會發現他們自己做的都是不需要技術的工作，而那是經濟蓬勃發展時白人勞工不想做的。他們受到房東和公家業主的歧視，只能擠在比較窮的區域租房子。歐洲各帝國插手阿拉伯國家和印度次大陸的事務，意味著很大一部分移民是穆斯林，不過當時並不認為這點很重要。

更重要的是，西歐社會繼承了帝國遺緒，種族化已是根深柢固的思維。這意味著「有色」勞工得到的待遇有別於之前提供勞動力的義大利、西班牙、葡萄牙和波蘭的歐洲移民。非歐洲人遇到一種處處可見的情緒：他們是低人一等的，幾乎不可能被同化。到了一九七〇年代中，這類勞工移民的大門已經關上。

第三，多種族造成了文化的多元，在嘗試創造接受並歡迎文化多元的精神中，最後出現了多元文化主義，它不斷與帝國遺留下來的種族主義發生衝突。西歐人一直不願接納非白人移民，也是個不情願的多元文化主義者。

第四，多元文化基本上是從上而下的，許多工會、政黨活動分子和反種族主義組織試圖動員民眾，持續施壓，要求公平對待並認識多元文化的好處。這種從上而下的做法造成民怨，又導致了白人的反彈。

對多元文化主義的批評不僅來自保守的民族主義者。我在前面已經提到，左翼有許多聲音認為多元文化主義者的想法和政策未能一舉制住種族主義而被削弱，他們屈服於簡化的種族本質主義，未能結合平等主義的鬥爭，以對抗社會經濟的不平等。

而在法國、德國、義大利、奧地利和丹麥等地，官方與民間都反對多元文化主義，這意味著多元文化主義在西歐的發展仍然非常不均。二十一世紀出現了對多元文化主義的反彈。不過請注意，雖然許多相反的說法時有所聞，但多元文化主義從來都不鼓勵少數民族和多數民族各走各的路。它的目標始終是找出公平、沒有歧視的途徑，通往文化和社會經濟的融合。

多元文化主義如今必須應對新的移民模式以及維托威克所說的「超級多樣性」的出現。隨著歐盟擴張、蘇聯解體、逃離失敗國家與內戰的人尋求庇護，加上西方干預中東，對新知識的需求、金融部門勞動力對高素質人力的需求，而出生率又下降，結果就是勞動力的流動更加自由。

如我所述，瑞典極右派成員當選國會議員，說明了即使是這個社會民主和自由庇護政策的避風港也在遵循歐洲的模式，在諸如馬爾默等產業空洞化的城市中，對新形式的移民產生強烈的敵意。對多元文化主義的反彈獲得新的動力。

我在結論中主張，多元文化主義作為一種典範和制度框架，如果要應對新形勢，就需要轉向跨文化主義的形式。然而，接下來的財政將會嚴重緊縮，公共服務的資源減少、失業增加，不平等也會加劇，將會對更複雜的跨文化主義形式構成嚴峻挑戰，也更有必要進行重分配。

第二章 多元文化主義不利於女性嗎？

如果多元文化主義的起源可以追溯到二十世紀後半葉的人權革命，以及後繼包括女性主義等進步社會運動的興起，那麼要說多元文化主義可能對女性不利，乍看之下似乎顯得奇怪。但其實不然，除非我們認為爭取權利、肯認、接納和重分配的各種運動總能彼此巧妙接合，形成一個和諧的整體。

事實上，並沒有必然的理由說代表不同群體的權利訴求不會相互衝突。畢竟，女性主義運動的興起，有一部分便是出於對一九六〇年代左派與另類文化運動的不滿，這些運動支持勞工階級的利益和嶄新的青年文化，卻未能察覺女性的社會從屬地位同樣根深柢固，並起而挑戰，在左派與另類文化運動的實踐中，女性的從屬地位甚至被視為理所當然。

在所有的多元文化框架中，女性地位儼然成為是否接受多元文化主義的試劑。諷刺的是，即使許多並不以關注女性權利和發展聞名的社會和政治保守派分子，也經常利用性別議題來鞏固其反對多元文化主義的論述。

誠如某些評論家所觀察，多元文化主義已經走到充滿危機的關鍵點，多數時候都被拿來在女性身體上打轉。

多元文化主義怎麼會對女性不利呢？

關鍵議題很容易說明。如果多元文化主義涉及對少數族群文化與傳統的支持，那麼假使這些傳統實際上損及女性，多元文化主義顯然就不利於女性，任何相信男女平等的人都不應該認同。

西方的民族國家雖然以就業、政治組織與議會、教育等公共領域形式上的兩性平等為前提，但若參考收入、職業地位、議會成員和其他指標就會發現，實際上距離平等甚遠。沒錯，西方的女性主義者和平等主義者持續強調這些不平等，並投入反對的行動。但是當性別問題與對多元文化主義的批評交織在一起時，大部分傾向於把焦點放在西方民族國家中的非西方裔少數種族社群的實際狀況，以及非西方社會中婦女的從屬地位。原因是這些社群中有許多甚至連形式上的男女平等都不接受。

幾個非西方社會的實際作為特別受到關注，並引起相當大的爭議。最主要的包括穆斯林婦女必須穿戴頭巾、面紗和其他服飾；包辦婚姻和強迫結婚；一夫多妻制；女陰殘割。本章將逐一檢視這些作為。

如同我們接下來也會探討的，性別問題還引發了其他基本議題：如何看待少數族群的「文化」——通常會被冠以刻板印象及本質主義的術語；文化與個人之間的關係；以及相對於「他們」所屬文化的個人權利。

強烈的不相容論

關於女權與多元文化主義之間存在基本的緊張關係，已故美國政治學家蘇珊・歐肯提出了最強力的清晰論證。一九九七年她首次發表於《波士頓評論》的論文〈多元文化主義不利於女性嗎？〉（本章標題即援用其名）受到廣泛的討論與重視。對於這個問題，她的回答幾乎都是明確的「肯定」，儘管她後來確實淡化了我稱之為「強烈不相容論」的原初立場。

歐肯的論點在許多女性主義者和自由主義者間引發了廣大的共鳴，他們原本就對一九七〇年代以來一些西方民族國家採行的多元文化主義政策、實踐和原則有所保留，認為只是出自跟風式的熱情，欠缺明智判斷。

歐肯認為多元文化主義的本質，也就是所謂族群權利的授予，惡化了女性在西方民族國家少數族群父權文化中的地位。根據她的指控，多元文化主義將少數族群文化視為無法撼動的「獨塊巨石」，進而忽視其內部兩性間的權利差異，甚至更傾向於排除任何對家庭與家居生活私領域的干預，認為它與維護族群生活方式不相容；多元文化主義的政策將助長這些社群中女性從屬地位的存續。

多元文化主義主張少數族群的自尊與自由建立在能夠保存自己的文化，歐

肯則反對這樣的觀點，認為少數文化中的女性

> 或許會過得更好，倘若其生來所屬的文化滅絕了（這樣它的成員就會融入到周邊性別歧視較少的文化）；或者更好的是，鼓勵這種文化自我改變，強化女性的平等地位——至少能夠達到該少數文化支持這種價值的程度。（強調字體出自原文）

歐肯以少數族裔文化的調查報告為基礎，得出一個被廣泛引用、但也有爭議的結論：她強調各種嚴重不利並危害女性的實際狀況依然盛行，加深了女性的痛苦，並讓她們持續從屬於男性。

首先是一夫多妻制：她指出法國在一九八〇年代允許移民攜帶超過一個妻子，導致一九九〇年代後期的巴黎出現二十多萬個一夫多妻制家庭；不僅如此，她進而控訴，一夫多妻制正是將男性利益和慾望凌駕於女性之上的明顯例子。她援引那些移民在原國的證據，顯示當地女性對一夫多妻制鮮有好感。而

男性還把它視為管教女性的方式：如果一個婦女「行為不當」，可能隨即遭受另一個妻子入侵家庭的威脅。

其次，她突顯了強暴遂致婚姻的實際狀況。在拉丁美洲、東南亞的部分地區以及西非，強暴者如果選擇跟被害人結婚，可以免除罪行。

第三，她提及美國刑事法庭上所謂的「文化防禦」。舉例來說，來自東南亞的赫蒙族[1]試圖以這種方式來捍衛他們藉由「綁架和俘虜」逼婚的傳統習俗。她引用的另一件「文化防禦」案例涉及日本和中國血統的母親，她們在承受丈夫不忠的恥辱後，殺害自己的孩子並試圖自殺。

最後，她將矛頭指向陰蒂切除（一般也稱為女陰殘割或女性生殖器的切割），這在西方的一些少數族群中進行，特別是來自西非和東非的種族。歐肯指出此種習俗背後的理由明顯違背了女性的利益：施行陰蒂切除術是為了限制女性的性快感，進而鼓勵婚前的貞潔與婚後的忠誠；無法從性愛中獲得愉悅的女性，更有可能堅守母親、家廚和妻子的角色。

當然，歐肯明白許多少數族群的婦女也願意參與延續這些壓迫女性的作為；但她認為，若以此為辯護是明顯忽略了一個事實：很多性別歧視隱藏於私領域當中，尤其是在家庭裡，藉由對女性的「文化灌輸」，迫使她們承擔特定的社會角色。

歐肯的批評者

諷刺的是，歐肯認為多元文化主義者傾向於忽視少數族群內部權力的差異，而她本身應對社群的方式也招致了忽略內部複雜性的批評。歐肯將這些社群視為完全獨立、內部合而為一的整體，而其本質上就是由女性從屬地位所組成（此等傾向在最近對多元文化主義的批評中也明顯可見，例如哈桑就抨擊多元文化主義的本質主義，認為它以嘲諷及刻板印象的語彙呈現少數族群的文

1 赫蒙族（Hmong）：苗族的一支，在越南稱為赫蒙族，是越南的法定少數民族之一。由於有族人參與過美國支持的游擊戰，一九七〇年代共產黨控制越南和寮國之後遭到嚴重迫害，淪為難民逃到泰國，在國際救援組織協助下輾轉移居美國。二〇〇九年在美國的赫蒙人已約有二十萬。

化，特別是亞洲文化）。

批評者指出，為了維持這種型態的本質主義，歐肯幾乎完全聚焦於女性從屬地位與性虐待的極端案例，例如女陰殘割、強暴和謀殺，因此落入刻板印象的陷阱，以粗魯無益的方式形塑少數族群。這個過程也將少數族群的女性定位成被動受害者的模樣。

歐肯式的少數族群圖像也不幸造成了一種西方與其他世界之間僵硬的二元對立，並產生誤導的結果（這也再次成為反多元文化主義批評的共同特徵）：也就是西方（或「我們」）被形塑為自由與平等的愛好者，而其他世界（或「他們」）則被描繪成既不文明又野蠻的「他者」，對女性的尊嚴和權利缺乏尊重。

針對歐肯所譴責之文化中的女性地位與行動力，女性主義的人類學家和少數族群女性運動家（有時是同一批人）描繪出更為細緻的圖像。

女陰殘割

關於女性割禮已經實施多久並無定論；現今還在多少國家普遍施行也沒有確切的答案。但從歷史上來看，在古埃及就已經出現了；十九世紀的法國、英國和美國也不罕見（有些證據顯示，美國一直到一九五〇年代都還存在），在這些地方的陰蒂切除術被用以治療「歇斯底里」、「女同性戀」、精神錯亂和癲癇（應該是沒有什麼效果）。目前最盛行的區域是一些非洲國家，但在中東部分地區、印度、斯里蘭卡、印尼和馬來西亞也有某種程度的流行。

女性割禮引起強烈的反感，現在所有西方國家都已經禁止了。二〇〇一年九月，歐洲議會通過一項關於女陰殘割（female genital mutilation；簡稱FGM）的決議，要求歐盟會員國追究並懲罰任何犯下FGM罪行的居民（包括在歐盟以外地區犯罪者），也呼籲會員國對可能遭受FGM的婦女和女孩給予庇護。在比利時、丹麥、挪威、西班牙、瑞典和英國，FGM是具體認定的刑事犯罪；在法國等其他國家，則依附於較一般性的法規底下。澳洲、加拿大、紐西蘭和美國也同樣禁止FGM；但只有美國將懼怕FGM的風險納入庇護的理由。

西方國家通常具備相關法律規定，讓女性能夠接受生殖器的手術，如果其外觀會帶給她們相當大的精神痛苦。男性的包皮割除在西方國家也通常可行，並不只適用於穆斯林和猶太人，儘管這對健康是否有益或對性快感是否有不良影響並無定論。

雖然女性生殖器切割的習俗在西方廣受譴責，但對於這大標題下的各種做法，一般人究竟有多少理解並不清楚。其中侵入性最小、傷害最少的方式包括移除陰蒂尖端和陰蒂包皮；對某些人而言，這跟男性的割包皮沒什麼差別，因而認為只要在適當的醫療條件下進行，就應該被允許。

另外兩種方式就涉及更劇烈的手術干預。陰蒂切除術割除的部位是陰蒂及整個或部分小陰唇。最嚴重的是鎖陰術——又稱「法老的割禮」——切除包括陰蒂、小陰唇和部分大陰唇，並縫合外陰兩側。

在西方，無論是哪種類型的女性生殖器切割，都很少有人強力辯護；事實上，「女陰殘割」一詞就表明了反對所有類型的切割施行。因此，狡詐的批評者經常用FGM作為打擊多元文化主義者的工具，把他們描繪成危險的文化相對論者，因為他們不願意挑戰所謂重要的「傳統」，於是將女性的健康與生命置於險境。

據估算，全世界大約有一億到一億三千萬名女性曾受過某種類型的生殖器切割手術，每年大約有兩百萬個女孩和婦女接受割禮，其中有許多是以非法的方式在西方進行。被帶到國外進行手術和相關儀式的女孩數量不詳。

美國文化人類學家理查・施維德及其他學者針對FGM的研究進行調查，聲稱其健康風險被過度誇大了；有大量證據顯示，接受割禮後的女性能夠繼續獲得性快感，因此沒有理由以西方的美學標準強加於其他社群，例如：蘇丹、索馬利亞、查德和馬利這些偏好女性生殖器「更為平滑」的種族。如果對西方人而言，純粹基於美容因素而隆乳是可以被接受的，那麼也就應該允許其他女性自由選擇接受陰唇手術。

不過，西方的多元文化主義者很少被這樣的論點動搖。看看帕雷克是如何堅定明確地拒絕女性割禮，他的言詞間充分表露他對普遍主義的信守，而非多元文化主義者經常被指控的文化相對論：

> 這種做法深深侵犯了一些基本的人類價值或普遍價值，以及自由主義社會中有效的公共價值。它造成了不可逆轉的身體傷害，本質上就是性別歧視，侵犯了孩童的完整性，為她做出無法復原的決定，並除去了一個愉悅的重要來源。因此應該予以禁止，除非擁護者能夠提出足以彌補其巨大傷害的強力理由。

他並指出這樣的做法並無宗教認證，因為《古蘭經》裡完全沒有提及；而「聖訓」(hadith)——源自穆罕默德各種訓示的傳統——也只有模稜兩可的隻字片語。

在許多案例中，女性割禮作為「傳統」文化的習俗，其深入的程度也值得懷疑。塞內加爾就出現了成功的反女陰切割運動，一個當地的非政府組織「托斯坦」(Tostan，意為「突破」)意識到，許多村民之所以堅持這種痛苦且危險的做法，主要原因是擔心如果他們是唯一不施行割禮的家庭，他們的女兒肯定嫁不出去。於是，「托斯坦」的婦女發起集體誓約的活動，確保所有村民在某個指定日期放棄割禮儀式。結果，這項活動很快就獲得迴響，一九九七年以後，越來越多的村莊放棄女性割禮，政府得以在一九九九年正式立法，禁止執行女性生殖器切割。

這個例子固然顯示，我們很容易高估「傳統」社群對這種做法的信守程度——因此，如同安·菲莉普斯所論述的，此案例中對女陰切割的支持並不需要特殊的文化差異理論——但我們也很難否認，女性割禮在非洲許多族群婦女間確實獲得強烈的支持。

這也衍生出另外一個問題：如果生活在西方世界的成年女性想要返回原籍國接受割禮，是不是應該被允許？施維德及其他學者（包括帕雷克）援引了許多生活在美國或歐洲的非裔女性案例，即使她們受過高等教育，還是渴望接受割禮，特別是在婚後。若有一位肯亞裔的英國公民，也是理智的成年女性，我們應該阻止她在肯亞接受有適當監管的割除手術嗎？

同樣值得注意的是，如果我們要賦予女性行為主體的地位，並假定她們不會盲目地依照既定的文化劇本演出，那麼她們的選擇就值得尊重；在這種情況下，我們應該跟帕雷克一樣，對於想要回原籍國動手術的理智成年女性抱持開放的主張。

但就法律的角度而言，西方國家的住民是不被允許這樣做的。

然而，鑑於此項禁令，有些人（包括受到影響的女性）或許傾向於認為並非多元文元化主義對女性不利，而是沒有彈性、文化盲目的策略方法所致。但是，假如我們能夠確定某種特定類型的女性割禮會造成多大程度的傷害，那麼一個理智的成年人究竟能被允許以「文化」之名傷害自己到什麼程度呢？

面對這樣的困境，無論可能的解答是什麼，國際間漸漸有個共識，認為女陰切割的習俗嚴重危害健康，並構成對人權的侵犯。這種做法現今在許多非洲國家都被禁止了，包括貝南、布吉納法索、查德、埃及、迦納、幾內亞、肯亞、尼日、奈及利亞、塞內加爾、坦尚尼亞和多哥，其中也已經有一些案件被起訴了。在蘇丹，只有最極端的鎖陰術被禁止，儘管有證據顯示該作為還是廣泛地持續進行。

既然沒有西方國家允許女性生殖器的切割，也很少有多元文化主義者支持這種做法，那麼如果多元文化主義真的不利於女性，也不是因為任何多元文化主義者對FGM的同情——無論是基於文化相對論或其他理由。

強迫婚姻和「名譽」殺人

逼婚議題格外受到公眾重視，始於二〇〇二年丹麥立法防制少數族群的強迫婚姻，法律明確規定，任何丹麥公民要與外國公民通婚，雙方都必須年滿二十四歲；同時還必須證明，他們與丹麥的連結比其他國家來得緊密。這顯示出強迫婚姻是如何與其他議題交織在一起的，包括反移民以及對多元文化主義的反抗。

然而，在丹麥的論辯中，似乎沒有認真考量撮合與強迫婚姻的差別。撮合式婚姻在南亞裔的少數社群裡——包括來自印度、巴基斯坦和孟加拉的族群——相當盛行，基本上是雙方合意的，牽線過程通常由男女背後的家庭主導。然而，值得關注的是，撮合式婚姻中準配偶經常承受相當程度的非正式壓力；同時，南亞裔的英國人傾向於早婚，這個趨勢其實是來自於父母與「社群」壓力的影響。

至於強迫婚姻，往往涉及在西歐國家出生的少女被以度假之名誘拐至巴基斯坦或其他地方，再強迫她嫁給表親或跟女孩家庭氏族或村落相關的其他人。在某些案例中，也出現直接的綁架，強行將女孩帶往國外。另外，也有在英國和西歐其他地方進行違背女孩意願的婚姻，這通常伴隨著暴力威脅，以及維護「家庭名譽」的要求。

所有證據顯示，強迫婚姻確實存在，但那只是少數族群中少數人的做法，也受到該族群文化與宗教領袖的廣泛譴責。舉例來說，英國的少數族群婦女團體就一直站在抗爭前線，強烈反對這種陋習。早在一九七九年成立的紹索爾黑人姊妹，以及紐漢婦女計畫、穆斯林女性諮詢熱線等組織，都以積極行動奮力對抗強迫婚姻及對婦女的暴力侵害，並為數百名設法求助或正式投訴的婦女提供保護和建議。

英國內政部於一九九九年成立了一個針對強迫婚姻的工作小組，其中包括紹索爾黑人姊妹的傑出成員。二〇〇五年，原本的「社群聯絡處」改組為「強迫婚姻處」。在與印度、巴基斯坦、孟加拉的英國高級專員公署和當地警方的通力合作下，每年差不多有兩百名被家人帶至該處結婚的女性獲得遣返。此外，無論男女，要在國外結婚的最低年齡限制也提高到十八歲。

倫敦政經學院性別研究所的莫伊拉．達斯汀和安．菲莉普斯強調了這些行動的幾個重要特性。首先，這種做法已經轉變成對年輕女性作為個體的更大支持（沒錯，絕大多數是針對女性），而非早期仰賴於家庭成員與社群領袖的調解；其次，對發生在英國本地的強迫婚姻能夠提供的幫助有限；第三，對海外婚姻的關注代表這個議題勢必與移民問題糾纏在一起，而不是被納入處理更廣泛的家庭暴力的措施中；第四，在創建雙軌系統——只有在歐盟以外結婚者才必須年滿十八歲——的同時，這些規定可能助長並延續某種破壞性的刻板印象：「相較於多數族群，（少數族裔的）父母本質上較具強制性，年輕人也比較沒有自主能力、不懂得自己的想法。」

究竟多元文化主義的政策或觀點，多大程度上犯了批評者宣稱的那種助長強迫婚姻的罪行？

在一九六〇年代末期和一九七〇年代，英國法院的判例顯示出某種文化相對主義傾向的證據。一九六九年，針對一名嫁給二十六歲男子的十三歲奈及利亞女孩，上訴法院撤銷了對她的照顧令，理由是：這樣的婚姻在奈及利亞是「完全自然的」，儘管對「英國女孩和我們西方的生活方式」而言，這種情況是令人憎惡的。一九七五年，「潛在的一夫多妻」婚姻下的寡婦被判定有權獲取寡婦撫恤金，雖然這些婚姻並未得到英國法律的認可；這個案例讓許多人爭辯文化相對主義反倒有利於女性。

然而，隨著紹索爾黑人姊妹等婦女團體及「強迫婚姻處」的有效運作，風向已轉變為抗拒這種不負責任的文化相對主義。

同樣狀況也發生在挪威等西歐國家。早期對「文化防禦」案例的同情意願開始轉向，對土耳其及其他少數族裔女孩恐懼逼婚的求助有更積極、更嚴謹的回應。

但另一方面，在許多國家——特別是丹麥，就某種程度而言，英國也是——強迫婚姻的議題已被刻意綁架以配合反移民計畫，對可能的配偶設定年齡限制，並以公民資格考試的方式來限縮移民，特別是來自歐盟以外的移民。毫無疑問地，在大眾的想像中，尤其透過小報和其他媒體的傳播，針對強迫婚姻議題的誇張陳述往往強化了我們對非西方少數社群的偏狹觀點，認為他們是落後且無法融合的。在英國，有更多人意識到強迫婚姻的存在，卻對積極打擊這種作為並進而影響國家政策的團體（如紹索爾黑人姊妹）一無所知。

一個可喜的現象是：歐洲國家越來越不容許用文化防禦的方式袒護強迫婚姻，它支持個人對抗的訴求——反對維護那些由可疑的監護人，在同樣可疑的「傳統」底下推動的所謂文化傳承和習俗，該傳統往往只存在於少數族裔社群中的極小部分而已。

跟強迫婚姻同樣真確存在的還有可怖的「名譽」殺人；這個詞彙充當了殺害年輕女性（通常是預謀殺害）的遮羞布，據稱被害人為家庭名譽帶來「恥辱」。雖然英國政府的正式行動始於一九九九年，但直到二〇〇三年，大都會警察局才成立了「名譽殺人凶殺預防策略工作組」，其任務包括參與調查人員的培訓計畫。

達斯汀和菲莉普斯等深思熟慮的評論家指出，警察與其他機構進行干預所面臨的困境。如果把「名譽」犯罪跟其他形式的家庭暴力區別，會有將少數族群定型為更容易接受家庭暴力的危險，同時也可能深化一種無益的區分——東方式的「名譽」犯罪與西方的激情犯罪，並加深少數族群較由「文化」決定、多數族群則受制於個人偏差的刻板印象。另外還存在一個危險：少數族裔社群發生的所有家庭暴力與虐待案例，都可能被誤導為「名譽」犯罪。

無論如何，專業單位中有資訊充足、訓練有素的優秀幹員，或許更能確保文化上的刻板印象不致於妨礙對緊迫危險的覺察，也不會對年輕女性要求保護的請求充耳不聞。同時，這也不必然低估了男性對女性施暴不只出現於少數族群的事實；在英國，平均每週有兩位女性被現任或前任伴侶或配偶殺害，其中大部分的謀殺來自多數族群的男性，而且理由通常是假定女方有不當的性行為。

當然，所有的國家干預都可能淪為其他改革的人質。正如研究員荷格・斯凱和比爾特・西姆指出的，挪威和丹麥對「名譽」犯罪、強迫婚姻及女陰殘割的高度關注，已經讓少數族群在議會等公共機構代表性受限的議題被邊緣化；同時，如前所述，激進右派也利用性別問題來助長反移民的運動。在荷蘭，社會研究員包姬雅．普林斯和薩維特里．薩哈索認為，雖然公共論述傾向於將少數族群（特別是穆斯林）的婦女視為被動受害者，並與「名譽」犯罪等行為連結，但實際上人們更加意識到，性別議題不僅是「文化性」的，還包含了社會經濟層面。

或許我們可以說，這種更為複雜的探索路徑之所以出現，只是作為荷蘭放棄多元文化主義的結果而已。但不可諱言地，它也標示出多元文化主義更精巧的新階段，更務實地結合多元文化的敏銳覺察與貧困、失業等相關議題的認知，並對它們之間的「整合」更加重視。

無論如何，當我們指控文化相對主義與少數族群暴力侵害婦女的行為有所關連時，很容易誇大了多元文化主義的氾濫。在調查少數族群侵害女性之犯罪行為中人們對所謂「文化防禦」的接受程度時，安．菲莉普斯下了這樣的結語：

我沒有……看見多少證據顯示，所謂的多元文化主義正鼓勵法院讓少數文化族群的男性逃脫對女性施暴的罪行。

相反地，她認為法院傾向於寬容處理所有群體的男性，包括多數族群，只要他們提出從寬量刑的訴求，表明他們的攻擊是因為她與其他男人或女人發生關係，或只是想結束伴侶關係。

法國的頭巾大戰

在法語中，頭巾原本指的是圍巾（foulard），後來更常用來指稱面紗（voile）或罩袍（burka），並經常與連帶頭巾的希賈布（jilbab）合併使用；不管是什麼，它們都被視為伊斯蘭婦女不平等的標誌，因此跟法國性別平等的傳統格格不入。

二〇〇八年七月，法國拒絕給予一名身穿罩袍的摩洛哥裔婦女公民身分，理由是她「激進的」伊斯蘭穿著表明了她接受兩性不平等的態度；反過來說，這表示她沒有被充分「同化」，才會在外觀上顯露對法國兩性平等基本價值的排斥。（此個案中的「罩袍」覆蓋整個頭部、臉部和身體，只露出雙眼。）這名三十二歲的婦女嫁給法國公民，能說流利的法語，並育有三名法國出生的孩子；文件上只揭露出部分姓名為法伊薩．M。她在二〇〇五年曾對類似裁決提出上訴，過程中援引了法國憲法賦予的宗教自由權利。她並聲稱自己在摩洛哥並未佩戴面紗；但根據法國社服機構的報告，「她的生活完全服順於男性親屬」。二〇一〇年十月，法國正式禁止公共場所全罩式面紗的使用。

這項決定喚起一些重要議題，進入關於女性、多元文化主義、民族認同和宗教（特別是伊斯蘭教）之間關係的辯論核心；也是本章的關鍵主題。相對於英國、荷蘭和其他民族，法國人素有鮮明的世俗主義色彩，並強烈反對多元文化主義。他們堅信頭巾等服飾是宗教的外在標誌，雖然原則上允許成年女性佩戴，但不能出現在校園當中；這些被詮釋為宗教的外在標誌若出現在公共機構，不僅違背法國政教分離的傳統，也顯示出允許女孩穿戴面罩的多元文化主義，其實也與隱含的壓迫沆瀣一氣。

頭巾在其他歐洲國家雖然也成為一項議題，但程度上遠遠不及法國。我的討論重心會放在法國的案例，因為它揭示了一些更普遍的弔詭與矛盾，位於多元文化主義、同化主義及其對女性影響的辯論核心。同時，它也歸屬於另一個更寬廣的問題：前殖民地的臣民和其他人要如何、以及在什麼條件下才能成為被完全接受的歐洲人；歐洲民族國家又能在多大程度上理解並挑戰持續破壞其文化的種族主義元素。

到了一九九三年，法國已經改變了國籍法規。若父母是外國籍，在法國出生的孩子不再自動取得公民身分；這些第二代住民必須正式申請為公民，表明他們**個人**簽訂社會契約的欲望，並拋棄所有社群性的忠誠。

然而，一九九三年的國籍法表露出穆斯林與阿拉伯人——儘管並非所有法國穆斯林都是阿拉伯人，也不是所有阿拉伯人都是穆斯林，兩者卻被視為同一——糾結於二元對立的嚴重程度，這種武斷的二分成為法國討論穆斯林—阿拉伯裔公民地位的部分框架：傳統／現代、野蠻／文明、身分認同／平等、（穆斯林）父權制／（法國）性別平等、宗教基本教義派／世俗主義、社群主義／

個人主義、多元文化主義／民族統合、同化性／不可同化性……等等。

重要的是，雖然法國的情形特別極端，但環繞在這些對立的論辯也出現於其他所有歐洲國家（包括英國在內），這些國家一直被多元文化主義所困擾，尤其是關於穆斯林的地位。誠如美國研究員約翰．鮑溫所指出，簡單的頭巾原本是一九五〇年代歐洲婦女常見的服裝形式，也一直是法國女性衣櫥中的一部分，現在卻成為引發廣泛焦慮的強力象徵，彰顯西方與伊斯蘭之間的「文明衝突」。如同鮑溫所言，「這從來就不只是圍巾的問題而已。」當北非裔的婦女在一九六〇和一九七〇年代開始定居法國時，她們有人習慣佩戴頭巾卻鮮少引發爭議，那就只是「常見的地中海服裝，與義大利南部、西班牙或法國本身的天主教婦女穿著，並沒有多大差別」。

在一般的情況下，論辯有限的簡單對立會過度簡化並扭曲文化現實，特別是關於穆斯林女性的身分認同、動機和社會地位。瓊安．史考特認為，在這過程中，法國人成功地將注意力從少數族裔公民（包括女性）所面臨的不平等、種族歧視與社經邊緣化等現實且緊迫的議題轉移開。或者如鮑溫所言，法國人實際上似乎把很多法國的問題都歸咎於頭巾，包括反猶太主義、伊斯蘭基本教義派、郊區日益增長的族群區隔化（ghettoization），以及課堂秩序的崩解。

圍繞這些爭議組合起來的文化二元對立是交織重疊的，由此產生的公共力量亦然。這也表示，任何時候對它們的任何討論都必須多項並列來探討。

以傳統與現代的問題為例。頭巾不僅成為法國穆斯林人口依附於傳統（相對於現代）的象徵，也代表了對落後、不文明之文化的依戀。其中一項落後標誌是那不被接受的父權體制，據稱是它強迫女孩和婦人佩戴頭巾。

頭巾問題醞釀許久，首度引爆公共爭議是在一九八九年十月，三名女學生因為拒絕摘下頭巾而被克雷伊（距離巴黎大約三十英里）的中學開除。值得注意的是，這間學校處在一個貧困且種族混雜的特殊教育優先區（簡稱ZEP）；校長是溯源自安地列斯群島[2]的法國黑人，竟稱之為「社會的垃圾桶」。

但是，這些女孩真的（被父權強制）表明了要擁護穆斯林基本教義派宗教傳統、對抗現代法國世俗主義的立場嗎？這真是校長尤金·切尼爾後來所宣稱的「陰險聖戰」中的一部分嗎？這些女孩的動機真的是想要帶來一場伊朗型態的伊斯蘭革命嗎？答案顯然都是否定的。

當女孩的聲音終於被聽見時，真相更趨明朗，她們選擇佩戴頭巾其實是要違抗父母的想法。其中兩人在摩洛哥國王干預後被說服了，在課堂摘下頭巾，而國王的干預又來自於法國穆斯林社群領袖的壓力，他們要求女孩遵守法國世俗主義的規範。再者，調查報告也顯示，即使經過十幾年之後，穆斯林婦女戴頭巾的比例只有十到十五%，儘管她們多數表明積極信奉自己的宗教。

因此，我們不僅很難將這些女孩的選擇詮釋為傳統穆斯林父權文化及家庭與社群中男性的逼迫，也清楚知道，戴頭巾在法國的穆斯林婦女當中也是極少數。儘管如此，正如許多評論家指出的，法國的公共論辯仍傾向於將女孩的行徑普遍化，進而認定法國穆斯林普遍拒絕法國的世俗主義理想和性別平等的傳統。即使出現猶太裔利維（Levy）姊妹的案例——二〇〇三年，在她們還是青少年的時候，姊妹不顧父母和祖母的反對，皈依伊斯蘭教——依然難以改變一

2 安地列斯群島位於南美、北美兩大陸之間，包括西印度群島的大部分，為美洲加勒比海中的群島。

般人對穆斯林女孩為何要戴頭巾的刻板印象。

當然，法國也有些不同的聲音。天主教和部分新教與猶太教領袖認為，世俗主義不代表完全壓制宗教性的表達。社會學家奧利維爾·羅伊解釋穆斯林女孩的行為，就像那些同輩的非穆斯林孩子，在極端世俗主義與物質主義的年代中尋求靈性。就這層（及其他）意義而言，羅伊視當前伊斯蘭教的興起為西方化的產物和回應，而非簡單的回歸「傳統」。其他的法國社會學家也觀察出世代的分歧，認為宗教對邊緣化族群而言是確認其身分認同的一種方式；所有跡象顯示，那些女孩並未致力於激進的伊斯蘭政治，這種政治在法國（或歐洲其他地方）的穆斯林信徒當中，只獲得極少數的支持。

斯塔西委員會[3]在「世俗主義共和國」的報告中建議，為了貫徹法國政教分離的原則，所有「顯眼的」宗教歸屬標誌——如頭巾、猶太頭巾或小圓帽、錫克教頭巾等等，都不能在公立學校佩戴；同時，它也呼籲對宗教活動普遍採取更具包容性的方式，甚至建議在醫院和監獄設立穆斯林神職人員，學校、監獄和醫院的餐廳在星期五提供豬肉和魚的替代品，並認定猶太教的贖罪日及伊斯蘭教的宰牲節為國定假日。結果，諸多建議中只有一項成為二〇〇五年的新立法規：禁止頭巾和其他明顯的宗教展露，雖然先前已經歷多種協商談判，例如肩上的圍巾就是妥協下的產物。

正如在其他國家的辯論中，家庭暴力被詮釋成個人過失，但「名譽」殺人卻被視為文化決定；在法國，迷你裙被視為個人的決定，與時尚的文化壓力無關，但頭巾卻被詮釋為一種文化現象，是伊斯蘭文化造成的結果，在此文化中女性普遍受到霸權男性的壓迫。在法蘭西共和國對抗伊斯蘭教的情緒浪潮中，伊斯蘭教的巨大多樣性及所謂「蒙面」只是少數人做法的事實被徹底忽略了。

無視所有細微的差異，法國人不僅設法同質化伊斯蘭教，還扭曲了他們

3 二〇〇三年，時任法國總統的席哈克（Jacques Chirac）責成專家組成調查委員會，反思「世俗性」原則的實踐並進行調查，斯塔西報告即為該委員會提交的成果。報告認為「世俗性」原則的重要性，與共和價值、國家認同、社會整體的歸屬感休戚與共；因而建議禁止醒目的宗教象徵。依此基礎，公立中小學宗教頭巾禁令走向合法化。二〇〇四年法國修改教育法，援引「世俗性」原則正式禁止「在公立中小學，學生穿戴明顯具宗教屬性的服飾」。

自己的世俗主義歷史，並將法國民族文化的統合與進步過度神化。正如我在前面章節所提及，儘管正式施行政教分離，法國政府還是一直支持並資助包括學校在內的天主教、新教和猶太教組織。官方也援助穆斯林建造寺院與墓園。或許我們可以說，穆斯林希望模糊公私界線所帶來的挑戰，只會加劇天主教在所謂世俗主義文化中明顯居於主導地位的矛盾。此外，雖然穆斯林女孩的頭巾被認為違反了法蘭西共和國「傳統的」性別平等價值觀，但這其實忽略了一個事實：一九四五年之前，同樣強調抽象個體公民的共和主義實則阻礙了婦女獲得投票權。

除了誤導的提出關於世俗主義和性別平等的議題之外，各種頭巾爭議的重大意義似乎在於法國共和文化形塑過程中賦予學校的角色。法國民族文化所面臨的挑戰（自一九八〇年代以來變得格外明顯），最具體的是伴隨歐盟大規模整合、美國（及英語）霸權下全球化步伐加快而來的國家主權削弱；以及對全球和法國境內激進伊斯蘭教的日益警戒。這一切經常被強烈的種族敵意所覆蓋，抱持敵意的對象是在法國城市貧困郊區中持續參與抗議和騷亂的年輕人。

在抗拒以頭巾為法國穆斯林身分的象徵時，法國人認為他們正設法制止法國民族認同的社群化與分裂，並將之歸咎於伊斯蘭教的影響。然而，法國社會學家——如鮑溫所言，他們的聲音被偏向激進世俗主義哲學家與歷史學家觀點的斯塔西委員會所忽視——一再指出，涉及法國穆斯林移民人口的族群區隔化與分裂，跟他們信奉伊斯蘭教幾乎沒有關聯。

正如我們先前的觀察，族群區隔化的真正原因在於法國政府的政策，刻意將二次世界大戰後大規模引入法國的移民工人安置於貧窮的郊區或工業飛地，完全不打算讓他們融入法國的主流文化。事實上，他們也有意識地努力教導孩子「原籍國的語言和文化」，以減輕預期回到原籍國的難度。換句話說，故意阻礙同化的嘗試是存在的。再者，對個人主義的強調阻止了官方蒐集這些社群處境的統計資料，這意味著沒有官方檢視、也沒有認知到深植於城市外圍的嚴重種族歧視，以及隨之而來的種族化剝削。

關於多元文化主義及其可能造成的分裂，在英國和其他地方對此的論辯中，有項非常重要的意涵值得注意：社群區隔背後的真正驅動力量不是「多元文化主義」，而是受到官方政策強烈支持教唆的種族歧視（這在法國的案例中格外明顯）。後面章節我會再回到這個議題。

瓊安．史考特及其他學者的證據分析顯示，激烈的反伊斯蘭種族主義會造成法國穆斯林公民進退兩難的困境。一方面，根據法國共和主義官方的同化主義意識型態，新移民社群要在法國取得合法地位的唯一途徑是徹底融入法國文化；然而，另一方面，伊斯蘭教又被視為在本質上反對性別平等（頭巾被詮釋成性別不平等的明顯象徵）。它在排拒世俗主義方面也被認為是無可救藥的「非法國化」（儘管實際上存在許多世俗主義的伊斯蘭國家，法國的穆斯林也廣泛接納多種世俗主義的形式）。同時，還有一個根深柢固的假設，認定伊斯蘭教無論現在或未來，永遠都是較為低等的文明形式。因此，任何對伊斯蘭教的堅定信仰都會讓個人內化成「非法國的」，永遠無法完全適切地同化或融入法國文化。

特別值得注意的是，法國的論辯傾向於把法國社會學家的研究結果邊緣化：少數法國女學生戴頭巾的理由很難說是對激進伊斯蘭教效忠或被動接受女性卑屈地位的象徵。一些法國女學生為了彰顯這樣的論點，戴上法國三色國旗的頭巾，頭巾上並繡著法國共和宣言中「自由、平等、博愛」的字樣。戴頭巾其實屬於一個更為複雜的過程，在此過程中很重要的一點是：當代法國無法為穆斯林人口提供真正的社會—經濟機會與歸屬感。這個過程也讓穆斯林的第二代和第三代法國女性試圖尋找適切的方式，來調和她們對伊斯蘭教的忠誠與同樣強烈的、歸屬法國文化的欲望。

當然，環繞在社會分裂的焦慮、民族文化和認同的淡化，以及對激進伊斯蘭教增長的恐懼等議題，都不是法國獨有的現象。所有證據顯示，在英國、德國、荷蘭和歐洲其他地方戴頭巾的行為，以及政府當局與廣大民眾對它的反應，在在反映出同樣的民族焦慮、少數族群社經地位衍生的後果，以及穆斯林人口（不論男女）尋覓新歸屬形式的渴望。只不過在其他多數歐洲國家，穆斯林婦女的頭巾與民族文化傳統之間的調合並不那麼令人擔憂。

關於穆斯林年輕女性戴頭巾之身分認同的複雜性，可由下面兩個鮮明案例來說明。首先是英國女孩瑞摩娜．艾利和朋友的例子，她們習慣戴頭巾，但也是搖滾音樂的粉絲，包括齊柏林飛船、U2到謬思合唱團和邦喬飛；沉浸在音樂的過程中她們發現了一種表達方式，那是「跟戴頭巾婦女有所關連的某種東西——對沒有歸屬感的焦慮」。但艾利補充，這也讓她們更加確認自己的「英國性」。再來是丹麥的例子，二十八歲、戴頭巾的阿斯瑪．阿卜杜勒—哈米德是鎮民代表，自稱女性主義者、民主派和社會主義者，結交同性戀的朋友，反對死刑，支持墮胎權利。正如某份報紙所描述，她是「一位寬容的斯堪地那維亞人，也是歐洲人」。但她以宗教性的理由拒絕跟男性握手。除此之外，自二〇一一年以來在中東具有高度世俗主義色彩的民主運動中，來自各年齡層、戴頭巾的婦女扮演了重要的角色，竭力爭取政治自由和民眾代表權。套句通俗的話說：好好想想吧。

第三章 多元文化主義造成了族群區隔與「平行生活」嗎？

暴動、調查報告和恐怖主義：二〇〇一年及其後

對英國與歐洲其他地區的多元文化主義而言，二〇〇一年夏秋兩季確實產生巨大的影響，有人甚至認為是致命的衝擊。當年的五、六、七月，在英格蘭北部的伯恩利、奧爾德姆、布拉福等「紡織城」（過去皆有生意興隆的紡織工廠），陸續出現激烈的動亂。英國的亞裔青年（主要是穆斯林和南亞裔）、白種青年（許多隸屬於極右派的英國國家黨）和警察之間掀起了街頭大戰。丟擲的燃燒彈損毀好幾棟建築，其中包括奧爾德姆一間名稱有點諷刺的酒吧「自己

活、也讓別人活」（Live and Let Live），以及亞裔副市長的家。

英國政府隨即針對失序現象展開一系列的調查，並成立獨立的內政部委員會，負責聯繫調查、整理結果及發揮諮詢功能。在騷亂之前，布拉福已經在赫爾曼．歐斯利爵士的帶領下建立了自己的調查，畢竟它在一九九五年就經歷過一些動亂。歐斯利報告於二〇〇一年夏天率先發布；我認為，對其他還在進行的調查框架，以及中央政府面對失序現象引發的整套議題所採取的策略，歐斯利報告的調查與結論產生了不當的影響。正如歐斯利在布拉福報告前言中指出的，其「種族審議」團隊被要求調查為什麼「社會、文化、種族和宗教方面的社群分裂」會在布拉福出現。換句話說，在任何審慎調查真正啟動之前，「問題」就已經被確認了：「社群分裂」或「社群破碎」（兩者可交替使用）。另外，「自我隔離」也在調查之前被確認為一個關鍵因素。「種族審議」小組還被要求，就如何解決種族歧視及促進平等機會的問題提供建議。影響所及，針對奧爾德姆和伯恩利的調查以及坎特帶領下的獨立審查，都不免參酌布拉福報告的論據與結論。布拉福及其他調查也擺脫不了麥克弗森報告的陰影——這是針對黑人少年史蒂芬・勞倫斯在南倫敦遭到謀殺的調查報告，當中顯示警察之間存在一種根深柢固的制度性種族主義，並為解決種族主義和相關議題提出一套廣泛的建言。

然而，調查小組也很清楚，他們面對的是非常複雜的狀況。整體而言，儘管一定會有重點強調的差異，但在他們試圖為騷亂揭示關鍵性的背景因素及更為直接的引爆點時，浮現出幾項共同的主題。正如我們接下來會提及的，當中央政府開始研擬防範未來騷動的策略時，上述許多議題隨後就被擱置了。

對多元文化主義的反噬一旦啟動，這些騷亂的調查報告變得極為關鍵，可說它為持續批判多元文化主義奠定了基礎。因此，更詳盡地檢視報告就很重要，同時也要觀察政府政策和公眾想法的演變，它們消化、詮釋並加工報告中的發現與建議，藉以攻擊多元文化主義。

所有報告都指出，「去工業化」對就業水準和經濟機會產生破壞性的影響，尤其亞裔的失業與貧窮的比例特別高，部分是因為地方當局對雇用少數族群幾乎沒有通盤的政策。紡織製造業的損失是造就下列事實的部分因素：所有受騷亂影響的區域都屬於全國最貧困的二十%;奧爾德姆和伯恩利的一些地區甚至名列最貧窮的一%。去工業化導致了白人與亞裔族群共同的貧困;但亞裔的少數社群還必須面對來自白人持續性的人際種族主義、來自城市治理委員會的制度性種族主義——歧視並把亞裔族群隔離於特定區域和住房類型(根據一九九〇年代種族平等委員會的調查報告,奧爾德姆政府的住屋政策被判定為種族主義),以及來自極右派國民陣線的騷擾。當亞裔人開始在某區買房時,當地的房屋仲介經常製造恐慌,讓白人害怕房價崩跌而搬離,形成「白人遷移」(white flight)的現象。於是,社區和學校逐漸變為全白人或全亞裔。

地區性的種族平等委員會解散之後,居民沒有管道可以尋求關於歧視的建議,也不再進行任何改善社群關係的嘗試。根據報告顯示,兩個社群都出現「自我隔離」,導致亞裔與白人之間存在深層的文化鴻溝,彼此鮮少互動;也進而衍生出對彼此的無知與誇大的恐懼。特別是還持續流傳破壞性的謠言,認為亞裔或白人——通常是前者——不公平地享有當地政府的資源。這些傳言經常肇因於競逐較勁的過程,兩造社群對立抗爭,產生難以避免的憎惡。

競逐資源的過程是以區域為基礎，強化了社群之間的空間區隔，這種區隔源自多元文化主義概念尚未發展前的早期移民定居模式，移入可為少數族裔提供就業和房舍的特定區域。調查報告指出，當地媒體讓情況更加惡劣；因為他們傾向於過度強調分配給亞裔區域的資金，卻對供應多數白人區域的金援輕描淡寫。選擇性的報導讓國民陣線增添了搧風點火的彈藥，進一步激化白人居民的怨恨與敵意。警方不被信賴，被認為執法不公，特別對亞裔族群而言；但白人也有類似的感受，覺得亞裔人總能以輕罪逃脫，因為種族關係的立法束縛了警察。報告中還提及，警方經常與當地媒體勾結，屢屢強調亞裔人對白人的攻擊，卻淡化了針對亞裔族群的暴力行為與經常性的騷擾（例如：把垃圾丟到亞裔家庭的後院是相當普遍的現象），進而加劇彼此間的緊張關係。

根據調查報告，在此背景下的騷亂其實是由當地一連串的事件所引發，像是對亞裔計程車司機施暴、國民陣線在亞裔區域動員遊行或即將發動襲擊的傳言、涉及毒品交易的白人和亞裔敵對幫派之間展開所謂的地盤爭奪戰等等。想當然耳，失序暴動的參與者主要來自巴基斯坦、孟加拉和白人社群中的年輕男性，儘管報告中完全沒有提及男子氣概在催生暴力上扮演的鮮明角色。

調查報告顯然也意識到圍繞在這些事件的多重因果關係，並建議進行更多的研究和調查；但它還是確認出主要的根本議題在於當地社群的分裂，導致亞裔人和白人正各自過著坎特報告所稱的「平行生活」，社群間幾乎沒有對話，原本就已嚴重的社群敵意，也因為缺乏市政機構與社群領袖的適切領導而益發惡化。

英語能力的不足普遍被認為是一大障礙，特別是在新婚女性和年長世代；不過，年輕亞裔女性在社群間的互動與經驗分享，也得到奧爾德姆和布拉福報告的讚美。

官方認證：「多元文化主義」並未引發種族隔離和暴動

二〇〇一年夏天的城市騷亂一直被援引為英國多元文化主義失敗的證據；英國南亞裔穆斯林參與二〇〇五年七月倫敦的恐怖炸彈攻擊事件，更強化了這種看法。

現在深植於公眾腦海及政府政策的印象，普遍認為針對二〇〇一年失序暴亂的官方報告應該與上述判斷一致，但實際情形恰恰相反。如果仔細閱讀這些報告，勢必要重新評估藉此反對多元文化主義的正當性。

事實上，在奧爾德姆和伯恩利的報告中幾乎隻字未提多元文化主義。伯恩利的報告裡有一處直接使用了這個名詞，是在表達對「多元文化活動」的缺乏感到遺憾。著實令人驚訝的是，這些報告透露出對於多元文化主義幾乎完全欠缺的現象深感懊惱，並呼籲更多的多元文化。特別是在教育方面，但也包括地方當局的實際作為、媒體報導、就業實務及休閒設施。

布拉福的種族審議小組明確批評了一九九七年以前保守黨政府制定的國民教育課程，認為是一種刻意邊緣化多元文化主張的策略，在學校不教導「存在於我們之間各種多元文化社群的不同文化和信仰」。小組引述了訪談中得到的證據，顯示年輕人認為這是他們教育中的一個特殊的缺陷。

奧爾德姆的報告希望能付出更大心力在「頌揚城鎮的多樣性」以及「不同

的移民族群如何豐富並為奧爾德姆的社會經濟生活做出貢獻」。它也認為，必須向奧爾德姆的居民灌輸「對他人傳統與觀點的尊重」，並結合「文化意識層面更大的教育」。這是對更多多元文化主義的迫切需求，涉及對文化多樣性的珍惜、肯認移民的貢獻，以及在不同種族社群間建立同理心。

基於這些城鎮是由分裂的社群所組成的關鍵診斷，毫無意外地，所有報告都建議更多的融合，以矯正嵌入居住和教育隔離的模式。**然而，報告並未將種族隔離與社群分裂歸咎於多元文化主義。**

無論亞裔或白人社群，「自我」隔離的想法也是一個強烈的動機。報告中還強調，所有社群都有一些人熱中於更多社群間的互動和混合。當然，有獨立證據顯示（特別像是來自凱南．馬利克這類的新聞報導），社群團體以信仰為基礎的資金挹注要求確實進一步鞏固了布拉福、伯明罕及其他城市原本就存在的分歧。然而，從法勒、索洛莫斯和巴克更有系統的研究也顯示出政治談判和動員過程中更為複雜的圖像，這絕非簡單將社群分裂歸咎於「多元文化主義」所能掌握的。

再者，如果仔細閱讀報告將會發現，白人的種族主義，加上地方政府在住屋配置上的歧視、雇主間的種族主義、房屋仲介的活動，以及當地媒體選擇性的反亞裔報導，這些都比亞裔族群抗拒融合、喜歡生活在自己狹窄社區範圍的文化偏好，在造成隔離上扮演了更重要的角色。更別說互動和混合的欲求其實多半來自亞裔人，而非白人。

奧爾德姆的調查小組對於在白人間發現的種族主義感到「震驚」，因而建議「需要處理種族主義和種族主義的態度……這是當務之急」。報告中也對排斥混合的現象提出看法：「在市政資產中將亞裔與白人家庭混合配置的嘗試大抵上並未成功，**原因出在種族主義犧牲了即將遷入的亞裔家庭**」（粗體字為作者強調）。

布拉福的報告還強調，內城區的白人似乎無法接受穆斯林在城市中占有任何地位，並與「布拉福的身分認同」保持距離。報告中也表達了對就業上的種族歧視有重大擔憂。

「夢遊般漂向種族隔離」：英國有貧困的種族聚居區嗎？這是多元文化主義造成的嗎？

關於二〇〇一年的騷亂，沒有任何報告把社群分裂與敵意的事件、或導致這些結果的潛在社會因素歸咎於多元文化主義。他們自然不會用「貧民區」的字眼來描述城市居民所形容的種族「群集」。同樣引人注目的是，調查報告坦承，對「紡織城」存在的隔離程度尚未進行任何評估。因此，他們呼籲要再做更有系統、更嚴謹的研究，以確定社群之間的隔離有多大程度是實際的現象。

對種族「貧民區」的恐懼壟罩整個國家，特別是造成年輕穆斯林一種危險的疏離；這樣的感覺部分源自於當時擔任種族平等委員會主席的崔佛・菲利普斯，他在二〇〇五年七月幾名亞裔年輕男子犯下倫敦爆炸案後，發表了一場廣為人知的演講及其他評論。他發出警語，擔憂英國正「如夢遊般」渾然不覺地走入種族隔離的危險當中，「某些區域正逐步邁向完全成熟的種族聚居區——踏入這個黑洞，沒有人不感到惶恐不安的」。他特別將此現象連結至本土伊斯蘭恐怖主義的危機。「七月七日的事件餘波盪漾，迫使我們評估自身的處境……彼此之間變得陌生起來。」他談論起「被放逐的社群」，其成員越來越將「我們其他人視為理所當然的行為準則、忠誠和尊重當成是過時的」。他還下了一個不祥的結論：「我們知道接下來會發生什麼事情——犯罪、禁區和長期的文化衝突。」他認為多元文化主義必須承擔很大一部分的責任，因為

> 近年來，我們過度專注於所謂的「多元」，對共同文化的關注明顯不足。我們強調了區隔我們的部分……讓容忍多樣性強化了社群的有效隔離，某些人認為在特定社群中應該適用分離的特定價值。

多元文化主義、種族隔離、暴力和恐怖主義已經在公眾的想像中連結在一起；這種連結特別從右翼的媒體開始傳播，菲利普斯的評論正好提供了額外的彈藥。馬克・史岱恩在《每日電訊報》的宣示已經預告了菲利普斯的結論：「真正的自殺炸彈是『多元文化主義』」（二〇〇五年七月十九日）。

然而，二〇〇一年的報告已經激起英國各大學的城市地理學家、人口統計學家和社會學家進行嚴謹的調查，例如：里茲大學的黛博拉・菲利普斯、牛津大學的塞利・皮區、曼徹斯特大學的魯迪・辛普森和妮莎・芬尼等等。他們有許多人早在失序現象發生前就已經在探究這些議題了。

根據芬尼和辛普森有系統的綜合分析，幾乎所有在二〇〇一年報告中對「種族隔離」的關鍵論述、重複出現於政府報告和政策文件的類似主張，以及後來被用作攻擊多元文化主義的假設性證據，其實都是不真確的迷思。下面列舉一些由他們自己或其他研究證據推得的相關結論：

- 英國沒有種族貧民區；人口流動在當地製造了更多（而非更少）的多樣性。英國並未「夢遊般漂向種族隔離」。最早顯現對種族隔離恐懼的布拉福，其為南亞、加勒比海和其他移民定居之處，其實是國內其他地區的典型代表。即使在最多亞裔人口的區域，也有超過二十五％的居民是白人。

- 在少數族群主導的地區，雖然少數族裔人口呈現成長，但這是由於自然增加，而非來自新的移民。
- 少數族裔居民正搬離自身族群主導的地區：移出的少數族裔居民比移入的多。東歐與非洲移民的出現讓這些地區更加多樣化，亞裔主導的程度也隨之下降。
- 考量較長的時間架構，「白人遷移」也是一種迷思。事實上，在萊斯特、布拉福、蘭貝斯、伍爾弗漢普頓、曼徹斯特和其他城鎮，一直有白人搬到少數族群聚集的區域，同時也一直有少數族裔的居民遷出。再者，總體而言，隨著時間的推移，所有族群都會為了工作或更好的居住環境而從蕭條的工業城市搬往其他地方。
- 種族集中度最高的是白人，這並不令人驚訝，在英國每七位居民當中有六位是白人。平均而言，白人居住的行政區有九成的白人；相較之下，巴基斯坦裔居住的行政區平均只有十七%的巴基斯坦人。
- 與穆斯林人口相對稀少的區域相比較，在穆斯林人口較多的區域，穆斯林被指控犯下恐怖主義罪行的比例並沒有比較高。因此，認為激進的穆斯林是被隔絕的、且傾向於與其他穆斯林一起生活和學習的觀點並不正確。

- 雖然許多學校有相當比例的少數族裔，但大部分的學校自然以白人為主，畢竟白人在總體人口中是絕對多數。並沒有證據顯示，學校的選擇有加劇種族隔離的趨勢。在某些區域，種族隔離的現象似乎有所增加，但那是因為該區域少數族裔人口增加所致。因收入而產生的隔離，其實要比種族的隔離來得嚴重。
- 此外，研究也顯示少數族裔的父母更偏好將孩子送往種族混合的學校就讀。尤其是亞裔年輕女性，熱切冀望自己的孩子在混合區域長大；為了確保這一點，他們傾向於在郊區買房子。
- 很多人認為，年輕人的交友圈越來越局限於單一族群，但這與既有的證據相抵觸。特別是在英國出生的少數族裔中，混合的交友圈其實愈來愈普遍。

- 增長最快速的少數族裔之一是「混合的」族群，顯示出不同族群的英國公民願意彼此通婚的特殊傾向。引人注目的是，亞裔穆斯林、錫克教徒和印度教徒，結婚對象跳脫自身族群的比例，跟白人基督徒不相上下。
- 如同二〇〇一年的報告所揭示（並獲得民意調查的證實），一般而言，是白人比較不想跟少數族群實際接觸、混合及「融為一體」，而非少數族群不想。因此，我們要更呼籲對多樣性的強調與肯定。
- 芬尼和辛普森的一個關鍵結論是：「將融合責任完全放在少數族裔肩上的同化主義計畫，顯然是行不通的選擇」，儘管這正是近來政府倡議的主旨（稍後會多加著墨）。

證據似乎對英國城市種族隔離日益嚴重的想法形成極大的挑戰。將一件根本沒有實際發生的事情歸咎給多元文化主義，顯然毫無意義。

然而，芬尼和辛普森的研究結果在某些方面招致卡林和菲利普斯的質疑。卡林指出，我們不應該完全忽視布拉福巴基斯坦裔南亞社群自我隔離的觀念，他們的動機是想要維持連結的關係，以利用機會參與清真寺的活動、方便購物、加入親族網路等等；並且，就某種程度而言，這種過程還會持續進行。此外，「白人遷移」的現象也是真實的，儘管同時混雜了中產階級的殷切期盼及擺脫「外來移民」的欲求。黛博拉．菲利普斯則顯示出亞裔中產階級的流動，有更多的成員想要搬往郊區；而且錫克教徒、印度教徒和穆斯林經常遷移到不同的區域，雖然並沒有證據顯示，多元文化主義與這樣的區隔過程有任何關連。

因此，無論種族聚居區在技術層面上是否存在，南亞裔和白人之間的分隔都是一個持續性的議題。對於社群關係的品質，我們並沒有太多資訊。即使住得很近，我們也不知道他們之間有多少程度的互動、鄰里情誼和「歡快友好」（conviviality）——這是近來頗為流行的一個術語——以及有多少程度是以勉強共存為規範、隨時準備好在真實或想像的挑釁下展開對抗。

比較正面的觀察是，卡林指出目前在布拉福積極進行的倡議計畫，以建設性的方式將不同社群結合在一起，部分進展會在下一章探討。

基於假定減輕物質性匱乏是最重要的事，辛普森和芬尼青睞的政策包括處理所有社群間住房和就業機會的問題。

就這個案例而言，可能有人會指責辛普森和芬尼出乎意料地天真。物質匱乏與種族主義之間的關係是複雜的，兩者並無一對一的相關性；卡林也指出，在布拉福公開支持種族主義色彩明顯之英國國家黨的選民，有許多是來自富裕的區域。

雖然辛普森和芬尼的許多論述力道十足，但他們似乎低估了需要處理事務的程度——要將種族關係相關議題的政策視為種族關係，而不只是簡單地當作不平等與物質匱乏。我們太容易輕忽這些考量，認為「只是文化性的」，但單純改善所有社群的生活機會並不會讓問題消失，雖然這也是很令人嚮往的做法。

無論出現多少警訊，二〇〇一年前後的報告和證據都顯示，英國現在正處於一種情境：平均而言，白人對少數族群的信仰與生活方式知之甚少，很容易被大眾媒體和極右派宣傳的迷思所誤導，實際上依然不大願意跟少數族群混合與來往。在少數族群中固然也可能流傳關於白人的迷思，但生活在英國社會、接受英國教育、浸淫於英國的流行文化，並發展出混合、複雜、融整、多重與並列的身分認同，這意味著要對「英國白人」一切事物予以簡化而無知地拒絕，相對上是極不可能的（這點後面章節會再討論）。事實上，英國白人的身分認同也在轉變，特別是在年輕人當中，這無疑意味著對於最廣義之多元文化主義的新主張，都必須考量跟一九九〇年代顯著不同之文化多樣性的形式。

我們下一章將提及，社會階級的隔離、封閉式社區和社會流動的停滯，是影響當地社群凝聚力的重要因素。

然而，在面對環繞於多元文化主義未來的難題之前，我們需要先關注歐洲大陸多元文化主義正在發生的事情。

比較觀點下的多元文化主義：法國和荷蘭的教訓

一九九〇年代末，法國有些人（主要是知識分子）開始要求重新思考國內主流的移民「融合」同化模式，這種模式實際上拒絕承認所有的文化訴求，因而無法真正接受「少數族群」的存在。阿蘭．圖雷納[1]是這波日益增長的小眾異議人士之一，主張法國必須借鑑英國和北美多元文化主義的若干元素。

然而，英國二〇〇一年的動亂似乎很快就讓這些要求顯得難堪，或至少被認為是錯誤的引導。在法國廣大的民眾眼中，上述事件是「盎格魯—撒克遜」多元文化主義慘敗的證據，法國的融合主義才是吸納非歐裔移民的優越模式。九一一恐怖攻擊事件和英國倫敦的七七爆炸案（二〇〇五年）又進一步把法國多元文化主義訴求的棺材釘死了；因為即使英國人也開始對缺乏「社會凝聚力」感到恐慌，並開始猛烈回擊先前對文化多元主義的許諾。

不過，法國的自滿情緒很快被二〇〇五年秋天發生的事件澆了一盆冷水。當時，巴黎和其他超過兩百五十個城鎮的郊區經歷了主要來自移民青年的嚴重暴動。這其實並非第一次發生。從一九八一到二〇〇三年，法國城鎮已經目睹

---

1 圖雷納，阿蘭（Alain Touraine,1925-），法國社會學家，巴黎高等社會科學科學院研究主任。圖雷納最早使用「後工業社會」一詞，其工作構成了一種行動社會學，反思個人與社會的關係。

過十多次這類大大小小的失序現象。對警察騷擾或與警方對抗而來的怨恨通常成為引爆點，導致夜間燒車與攻擊官方建築的舉動；二〇〇五年的攻擊目標包括學校、體育館和市政建築，明確展現對法國官方機構的敵意。這可說是自一九六八年五月知名事件[2]以來，法國最嚴重的脫序暴亂。

那些沾沾自喜地將英國城市的失序歸咎於多元文化主義的人，發現自己也面臨了難以脫困的兩難局面。正如我們所見，法國沒有正式的「少數族群」，也從未採行多元文化政策。在公共論辯中，鮮少明確談論民族或種族關係，也幾乎未曾觸及種族主義。法國的公開論述僅將上述現象以「城市問題」一詞輕輕帶過。然而，失序行為的主要參與者顯然是法國出生的北非裔及撒哈拉沙漠以南的非裔青年，心中充滿憤恨，就跟英國的騷亂主要涉及少數族裔青年一樣(他們受到極右派白人青年的挑釁與對戰)。

雖然法國政府一直規避蒐集基於種族的統計數據，也沒有任何官方監控對非歐裔移民及其後代的歧視，但還是有一些社會學家和其他學者持續針對這些議題進行研究，特別在一九九〇年代發生系列騷動後有所警覺。直到二〇〇五年秋季以及二〇〇七、二〇〇九年進一步的動盪之後，公共場域開始出現越來越多的資訊。

尼古拉．薩科吉在二〇〇五年擔任內政部長時，曾將城郊住宅區的年輕人斥為敗類（racaille），並將破壞舉動視為單純的犯罪行為。形成強烈對比的是，就連法國國內情報機構也將上述脫序現象歸咎於社會的不平等與排斥。

自從一九八〇年代以來，影響所有西歐城鎮（包括英國的「紡織城」）的去工業化，也對法國的工業中心造成重大損失，移民及其子女承受了沉重的失業負擔和不斷惡化的居住條件，外圍郊區的市政設施也日益破敗。北非裔青年的失業率開始驚人地飆升。正如亞歷克．哈格里夫斯所指出，一九九〇年代早期的一項開創性調查（地理流動性與社會結合）已經發現，年齡介於二十到二十九歲之間的第二代阿爾及利亞裔青年的失業率，男性高達四十二％，女性也

2 指五月風暴，一九六八年五月始於巴黎郊區的學生運動，隨後引發總罷工，巴黎陷入了嚴重騷亂。由最初巴黎郊區的學生抗議活動升溫成學生和警方的激烈對抗，數百人受傷、被捕後，各工會組織發動數百萬人總罷工支持學生，騷亂持續至六月才平息。

有四十%。整個一九九〇年代，在少數族裔比例過高的所謂「城市敏感區」，失業率甚至更高。二〇〇四年，在一項測試就業歧視的研究中，巴黎大學的研究人員將虛構求職者的簡歷寄給兩百多名法國雇主。結果，典型法國名字的簡歷比北非名字者獲得超過五倍的正面回應，儘管資歷條件完全相同。如同哈格里夫斯所言：

十多年來，有色少數族裔青年的失業率如此之高，以至於許多馬格里布（北非）、撒哈拉以南的非裔，以及加勒比海裔的年輕人，對尋找任何正規工作感到絕望。

結合了受歧視的憤怒，他們的挫敗感在很多場合幾近沸騰，但最引人注目的還是在二〇〇五年秋天。

非歐洲裔的移民青年並未質疑法國融合或同化主義的共和公民模式。社會學家進行的所有訪談——並被杜普雷茲、哈格里夫斯、穆切利及其他學者引用——都證實了他們要求的只是實現法國公民觀念中許諾的平等待遇，而這項要求卻被勞動市場的公然歧視和警方刺激性的騷擾所拒絕。這些年輕參與者並不是好戰的多元文化主義者，也不是因為文化認同不被認可而產生憤怒的伊斯蘭「聖戰者」。沒錯，關於這些法國青年的研究一再證實，他們首要的身分認同是法國人，對於父母和祖父母移居前的原國幾乎不存在任何忠誠（其實，只有一小部分北非血統的人會說阿拉伯語，儘管公共與日常用語經常稱呼他們為「阿拉伯人」，並拒絕承認其法國人的身分）。他們絕非專搞無意義破壞的無腦罪犯。其中有許多是大學畢業生，根據巴黎的研究顯示，他們承擔的失業率是典型有歐洲名字的法國畢業生的兩倍。

因此，薩科吉「敗類」的嘲諷用語，以及「要用高壓清洗機清理住宅社區」的威嚇，特別突顯侮辱與挑釁意味。同樣偏差的還有法國的政策反應，它不斷加強原本就已具有壓迫性的警務作風——放棄先前開創的「社區警察」實驗——並引入更為嚴格的移民規範，這些規則始於一九八〇和一九九〇年代，部分是對「國民陣線」惡性反移民成果的回應。

薩科吉總統頒布了新的「融合」法規——這在歐洲其他地方引發不少共鳴——包括針對移民者的「歡迎與融合契約」，要求他們遵守「法國的法律和價值」，並參加語言和公民課程。鑒於郊區居民已經達成的文化整合程度，這些新規範（英國也有類似的規定）似乎顯得格外不妥。

然而，法國人也開始嘗試朝多元文化的方向前進，儘管這個語彙在法國的公共論述領域仍然被視為禁忌。一九九〇年代，社會學家和其他研究人員要求建立少數族群的官方統計資料，以及可以追蹤對「有色少數族裔」歧視的監控形式；這項要求在一九九八年移民融合高等委員會的報告中獲得進一步的推動，該報告實際建議參考英國種族平等委員會的方式設立一個國家資助的機構，負責調查種族歧視案件。二〇〇〇年的歐盟指令，要求所有成員國設置獨立的反歧視組織，因而催生出「反歧視及促進平等高級公署」，不過其權力與資源遠遠不及（現在已經廢除的）種族平等委員會。

對於法國新近的舉措，哈格里夫斯顯然少有正面的評價。公共論述中，環繞在「多樣性」和「機會平等」的新話語，逐漸取代了聲名狼藉的「融合」言論。

他說：

自一九九七年以來，在漸進式轉變的每一步中，由左翼和中間偏右的政府所倡議之反歧視舉措都是半調子的，有人或許會說只是敷衍了事。

國家統計部門於二〇一〇年十一月正式公布的數據顯示，父母來自馬格里布的法國公民有較高的失業率，它並承認歧視在弱勢移民的不利處境上扮演了主要的角色。將這些資訊公諸於世，或許會導引出重要的發展，但實際上對未來政策的影響尚不清楚。

儘管如此，法國人必須從過於簡化的融合觀念轉向，認知多樣性和平等機會為重要的公共目標，這點依然意義非凡。二〇一〇年十一月，短命的移民及國民身分部遭到廢除。或許只是「輕簡的多元文化主義」，但肯定是一個明確的轉變，不再激烈反對「盎格魯—撒克遜」的社會模式（攸關少數族群及其居於社會體制中的地位）。

無論是二〇〇一年的「紡織城」騷亂，或是法國人猶疑卻又明確地走向對「文化多樣性」和「平等機會」的認可，甚至進行種族方面的監測，這些都並未顯示多元文化主義為社會解體的罪魁禍首。更別說英法兩國社會分裂的程度被嚴重誇大了。呈現的事實應該是：相較於更多「融合」的簡單訴求，多元文化主義的某些面向或許提供了更適切的回應。

然而，荷蘭從多元文化主義退縮的事實似乎暗示，多元文化主義還是有可能是社會解體的前兆。

如同我們在第一章所觀察，荷蘭的多元文化主義雖然從未被明確提及，但確實於一九八〇年代以「少數族群政策」的面貌出現；在此之前將近二十年，荷蘭的柱狀化模式與社會對非歐裔移民的期盼——認為他們只是「客居的工人」，短暫停留後就會返回「家鄉」——相結合，產生了一種近乎鼓勵文化隔離的系統，移民在隔離區中擁有自己的語言、報紙、廣播和電視，並在學校教導母語。

雖然在某些方面，從客工轉向多元文化的政策要比同化優先的轉變來得容易，畢竟文化多元的架構已經存在；但也有人爭論，荷蘭案例的特殊性阻礙了多元文化主義。也就是說，就多元文化主義頌揚多樣性的角度而言，藉由反歧視而來的融合與許諾平等機會的普遍傾向，或多或少會改變一個國家自身的歷史意義；但在荷蘭的處理方式中，少數移民族裔已經被強烈鼓勵認同自己的母國——這在同化主義或傳統的多元文化主義模型中都不會發生——少數與多數族群間產生根深柢固的隔閡，雙方強烈意識到少數族群既不屬於、也不應該試圖歸屬主流社會。

積極鼓動這種非歸屬感顯然也意味著，在公共和私營雇主、社會服務、教育及休閒設施中，發展反歧視文化與政策的基礎工作做得太少。

直到一九九四年，英國式的反歧視立法才得以出現，名為「平等待遇法」。在那之前，政府科學委員會在一份一九八九年的報告中，對非歐裔移民少數族群的極高失業率和教育水準低落提出警告：土耳其與摩洛哥裔的少數族群，失業率高達三十％；相較之下，荷蘭裔的只有六％。如同西歐其他地方，先前招募移工的低技能工作已經快速流失。

官方的「少數族群政策」，亦即荷蘭版的多元文化主義，逐漸被明確的「融合政策」所取代。一九九七年，新移民必須強制修習荷語和公民融合課程，這種做法廣泛被其他歐洲國家援用。引發此舉的是一場新論辯，針對荷蘭自由價值觀與一般被視為非自由、具壓制性的伊斯蘭價值之間可能發生的衝突。有趣的是，激起爭論的不是發生在荷蘭的事件，而是英國的魯西迪事件和法國的頭巾爭議。保羅・史奈德曼與盧克・哈根多恩在一九九七年進行的研究（直到二〇〇七年才發表）似乎證實了荷蘭人對伊斯蘭價值的普遍焦慮，雖然這項研究也有深層的缺陷：問卷的設計方式鼓勵受訪者運用兩極化思考，以粗暴、同質化的方式將「穆斯林」和「伊斯蘭」價值與「西歐」價值對立。因為當時荷蘭缺乏具體的共鳴，一九九〇年代的論辯很快就平息了，儘管有人認為全面攻擊荷蘭多元文化主義失敗的種子已經播下。在一九九〇年代，雖然客工體制已經結束，但還是有為數可觀的土耳其裔與摩洛哥裔持續對原國抱持強烈的認同感，此一事實被視為荷蘭鼓勵文化保存模式成功的證據。

然而，移民的少數族群也出現變化。由漢・恩青格等社會學家在鹿特丹進行的研究（二〇〇〇年出版）顯示，摩洛哥與土耳其裔的青年正在發展屬於他們自己的伊斯蘭教西化版本。他們強烈支持個人自由和平等這類原則。正如恩青格所指出，他和研究夥伴發現「隨著教育程度的提高，他們的想法變得更自由，跟具有相同教育背景的荷蘭年輕人幾乎沒有差異」。

但也有另一種說法，開始在荷蘭政治與智識菁英階層流傳。社會上出現了一種少數移民族裔的下層階級，他們與荷蘭社會和文化疏離，且不願融入。這再度喚起先前對荷蘭人與非歐裔穆斯林少數族群之間「文明」衝突的恐懼。九一一恐怖攻擊事件導致反移民情緒巨大提升，這跟荷蘭媒體的推波助瀾及皮姆·佛杜恩的熟練操作息息相關；佛杜恩領導的反移民政黨在二〇〇二年的國會大選中取得重大成就，因而進入聯合政府。

新的反移民論述儼然成形，並開始產生影響力。儘管佛杜恩被動物權利激進分子暗殺後導致所屬政黨式微，但他對普遍存在的反民主文化（特別是恐同與女性從屬文化）的恐懼，已經根植於荷蘭針對移民及其後代的新政策當中。導演西奧·梵高在影片《服從》播放之後，遭到一名二十六歲摩洛哥裔青年暗殺；這部短片由梵高和索馬利裔國會議員阿雅安・希爾西・阿里共同製作，裡面出現《古蘭經》經文投射在佩戴面紗的裸體女子身上的影像，藉以強調《古蘭經》提倡暴力侵害婦女的觀點。這似乎證實了人們對穆斯林和伊斯蘭教的恐懼，認為這將威脅到荷蘭的自由文化。

我在第一章已指出，要取得荷蘭公民身分變得越來越昂貴、越來越困難。「融合」課程現在必須付費，定居荷蘭五年內必須參加一項測驗，沒有通過還會被罰款。針對定居多年的「老移民」，也已經有提議要求參加課程與測驗；如果沒有通過，同樣要罰款。跟歐洲其他國家（經常追隨荷蘭的做法）一樣，移民現在必須展現對「荷蘭價值與規範」的許諾。

那麼，荷蘭建制的多元文化主義帶給我們什麼樣的教訓？在荷蘭、英國和西歐其他地方，某種答案似乎顯而易見：不僅荷蘭的多元文化主義失敗了，總體的多元文化主義也露出明顯的缺陷。事實上，荷蘭從多元文化主義的退縮被視為特別具有意義，因為一般認為，荷蘭可能是對多元文化政策的概念與施行最具熱情的地方。

不過，這樣的詮釋固然有其優點，但重要的是要有一個更為細緻的觀點。讓我們從恩青格的諷刺性評斷談起：如他所言，我們存在「一個悖論，起初被鼓勵要保留自我身分的移民，現在卻被指責為對荷蘭文化認同不足」。恩青格的觀點很重要，因為一九八〇和一九九〇年代更為多元文化的「少數族群政策」是在長期的柱狀化之後出現的；在柱狀化時期，少數族群被刻意與荷蘭文化保持距離，政府提供公共補貼並積極鼓勵他們不要把荷蘭當作自己的「家」。真正多元文化融合形式的嘗試（因此包括對文化多樣性的全國性頌揚）為時已晚，不得不切斷建立許久的國家觀點——視少數移民族裔在荷蘭社會與文化中沒有長期地位。

此外，延後施行慎重的反歧視政策，意味著非歐裔移民及其後代社經邊緣化的情形已牢不可破，難以扭轉。要將「下層階級」移民的出現歸咎於多元文化主義是沒有道理的，畢竟平等機會（更別說反種族主義）等多元文化的部分解決方案來得太晚。

西奧．梵高謀殺案的兇手穆罕默德．B的生平經歷成為測試荷蘭論辯多元文化主義的一個案例。對許多人來說，他體現了荷蘭多元文化主義的失敗：一名高中輟學生開始擁抱激進的伊斯蘭教。但穆罕默德・B的完整故事其實更為含混複雜。他出生於荷蘭，中學成績優異，學過會計和社會工作，並成為活躍的社工志工，在阿姆斯特丹居住地區參與青年服務計畫。安娜・寇特維格在詳細研究他的生平之後指出，穆罕默德的工作項目包括鼓勵其他摩洛哥裔青年繼續接受教育，儘管他自身並未完成中學後的學業。

荷蘭社會學家埃瓦德・恩格倫駁斥了穆罕默德・B為多元文化主義失敗實例的想法。身為志工的穆罕默德實際上是領取社會安全津貼的失業者。對恩格倫而言，穆罕默德・B的命運是有缺陷、不完整的多元文化主義的典型案例；這種多元策略固然賦予族群文化權利，「但在勞動市場安置領域中，缺乏有效的反歧視政策」。事實上，他的結論是：

> 穆罕默德・B的案例並沒有充分顯示荷蘭的多元文化主義走過頭了……，反倒表明荷蘭沒有足夠的多元文化主義。由此獲得的教訓也可能

是強制同化（自二〇〇二年皮姆．佛杜恩的興衰以來，荷蘭人普遍採取的做法）與社經領域惡意忽視的結合，結果必然導致伊斯蘭的激進化。（黑體字強調出自原文）

沒錯，從法國和荷蘭學到的教訓是：不能簡單地宣稱「多元文化主義」全面失敗。法國人一直緩慢但穩定地朝向某個多元版本前進，尤其是在地方層級。至於荷蘭的案例，開始有足夠的學生認為公眾過度傾向於激進的同化形式，並主張更成功的策略應該是重新調整荷蘭特殊的柱狀化模式，讓國家的多元文化主義得以適切嵌入。

然而，也有人可能得出更普遍的結論。一方面，英國和西歐其他地方從多元文化主義退縮的倉促論調，可說和恩格倫在荷蘭所發現的缺陷一樣。畢竟，針對二〇〇一年英國騷亂的報告實際上是主張，當時沒有足夠的多元文化主義。至於其他城市的詳盡說明，例如：索洛莫斯和巴克對伯明罕的研究，同樣顯示一九九〇年代機會平等政策在實質上是如何倒退的，以至於無法解決城市中種族劣勢的問題。

重新檢視暴亂行為：二〇〇一年英國事件和二〇〇五年法國事件的官方詮釋，以及對多元文化主義的強烈反對

關於二〇〇一年英國「紡織城」騷亂和二〇〇五年法國城郊事件，從所有的紀錄中可以清楚看出，參與的少數族裔青年並沒有要求族群文化權利或「父母家鄉傳統」的保留。他們實際上要求完全納入國家體制，成為擁有平等機會和參與權利的公民，並對國家有所貢獻。

在「紡織城」事件的案例中，來自極右派英國國家黨的侵犯，對南亞社群的安全與完整性造成了真正的威脅。保羅．貝格利和雅思敏．胡珊針對布拉福動亂的詳盡研究，清楚地揭露巴基斯坦裔青年面對英國國家黨遊行帶來的威脅，以及對其所屬族群造成的財產與人身傷害，他們內心真實且合理的強烈感受。

然而，貝格利和胡珊也指出，二〇〇一年的報告框架是模稜兩可的。因此，解讀報告的方式可以變成將騷亂直接歸咎於少數族群本身的一些特性。也就是說，報告中的某些元素把南亞社群病態化，允許政府主張必須從這些社群的內部進行改變，並且認為先前放任太久的多元文化政策，讓他們得以在沒有地方或中央當局適切的壓力與監管之下，產生自我隔離，並發展出功能失調的社會習性。

特別是，這些報告傾向於簡單列出各種因素，卻完全沒有輕重之別。例如：一方面點出去工業化、失業，以及居住與就業方面的種族歧視，另一方面也提及想要跟自己人生活在一起、實際造就隔離的欲求，但在任何案例中都沒有提供研判輕重的方式。這代表在面對這些事件與相關報告的回應時，政府可以任意挑選「暴亂」的可能原因，依循自己的偏好設定議程、擬定政策選擇的架構。

這就是二〇〇一年事件如何演變為放棄多元文化主義的部分驅力，轉而強調「融合」與「社會凝聚力」，並把來自極右派和地方政策的社經剝削與種族主義的議題邊緣化，進而摧殘少數族群的生活。

在法國、荷蘭及其他地方，藉由融合與共同價值的觀念來統合少數和多數族群，儼然成為新公民政策的核心。然而，如同我在第一章所言，法國廣受批評的移民及國民身分部已遭薩科吉總統廢除；但「融合」仍然是多元文化主義替代方案的主流觀念，現在應該要好好評估它在面對當前歐洲多種族國家的適切性。

第四章

「種族融合」、階級不平等與「社群凝聚力」

隨著對多元文化主義的反彈力道加大，「融合」遂取而代之，成為歐洲各國在國家與地方層次處理少數族裔政策的主軸。此外，「社群凝聚力」、「社會凝聚力」和「公民」等概念也被當成新途徑，可以設法融合少數族裔並將之納入國家組織之中，這一點在英國尤其明顯。英國政府現在有社群事務部、融合與凝聚委員會和新的政府部門。而整個西歐則著力於釐清「國家認同」的意涵，讓少數民族更能融入國家文化之中。愛冷嘲熱諷的人可能會說，除了從名字上看不出來之外，歐洲似乎已經啟動了一波新的文明使命[1]。

1「文明使命」（civilizing mission）一詞是歐洲向海外殖民的辯護理由，指稱他們有責任將西方文明但這些想法的意義以及由此產出的政策勢必會有爭議。多元文化主義的支持者也不是剛剛消失。辯論方興未艾，雖然現在捍衛多元文化主義的人，有時看起來似乎只能在學術界、少數活動分子和少數族裔的根據地找到。

「整合」的陷阱

少數族裔未能「融入」他們所移入的歐洲社會，這是種族關係的關鍵問題，之所以要尋找新的方法來取代多元文化主義，這是一個很重要的動機。然而，如前所見，多元文化政策與社會動亂、恐怖主義或自殺炸彈之間並無清楚的關連。更有甚者，社會割裂到什麼程度也是有爭議的，至少在英國是如此。甚至在荷蘭和法國，還加上英國，有許多見多識廣的研究者和評論家特別強調的是多元文化主義未盡周全、不情不願，才是真正的問題。

在社會生活中，如何才算完全融合，誰算是完全融合，這是永遠都說不清楚的。球門可以隨意移動。一九八〇年代的英國，保守黨政治人物諾曼・泰比提出了板球測試：在英格蘭對抗印度、巴基斯坦或西印度群島的賽事中，少數族裔要是不能替英格蘭隊加油，就不能說自己已經融入英國。在二十一世紀初，新工黨內政大臣大衛．布倫克特拍板，少數族裔在家裡說英語是融合的途徑，也是關鍵指標之一。

那麼，有人可能會問：到底要融入什麼？許多歐洲政府有個答案是其中包括了核心國家價值的概念，像是貼上「英國性」或法國國家認同的標籤。然而，我們也將會看到，這種思維方式會碰到一些棘手的問題。

社會科學家長期爭論不休：把融合應用在社會生活，尤其是在移民過程，是一個多面向的概念。這個過程沒有單一的標準可衡量。融合可以發生在空間層次（例如居住模式）、結構層次（例如教育和勞動力市場）和文化層次（例如堅守共同價值）。不僅如此，這三者之間沒有必然聯繫，因此即使比鄰而居，也可能抱持天差地遠的價值；空間區隔開來，也可能出現同樣高等的教育和職

傳播給非西方／異教世界，促成「落後」地區與人民現代化。

業成就等等。

在二〇〇一年的動亂之後不久，牛津大學的難民研究中心及移民與政策研究中心接受英國內政部委託，在二〇〇二年提出一份報告《融合：實地測繪》，他們向英國政府發出警告，融合的過程極為複雜，而且包含許多層面。

「社群凝聚力」的興起

在英國，融合的概念很快就被「社群凝聚力」蓋過去，這兩個概念差不多是同時出現在英國的辯論中，雖有重疊但並不相同，英國內政部啟動的「坎特和丹翰報告」曾經提及（二〇〇一年，二〇〇二年）；丹翰報告的名稱還明確定為「建設有凝聚力的社群」。

此一變化讓整個走向更遠離多元文化主義；之前要求移民同化的呼聲似乎也浮上檯面。在黑人少年史蒂芬．勞倫斯遭到殺害後，警察處置失當，麥克弗森報告有鑒於此，強調打擊制度層面的種族主義。它開始與像是一九九八年人權法案和種族關係修正案（二〇〇〇年）等重要的衡量標準相競爭。

在二〇〇一年的事件之後，英國政府的政策聚焦於「社群凝聚力」。我要檢視社群凝聚力這個概念的三個關鍵來源，指出每個來源所引起的批評，然後再整個檢視這個想法以及由此而生的政策。

「社群凝聚力」的來源

1 社群主義

社群主義出現於一九九〇年代，走的是「第三條路」的路數，批評新右派和新左派把社會凝聚在一起的「社會黏合劑」溶掉。右派遭受指責是因為過於強調自由市場個人主義和自由放任主義，以至於侵蝕了社會責任倫理和互惠規範，這點體現在柴契爾夫人惡名昭彰的一句話中——「根本沒有社會這回事」（there is no such thing as society）。左派的問題則是過度官僚化集權，讓地方社區失去力量，社福系統無法適切地支持獨立的社會網絡，對家庭制度也沒有作為。

然而，社會學家和人類學家也一再指出，社群的概念出人意外地模糊，很難準確定義。社會團體什麼時候才會成為真正的「社群」？它應該統整到什麼程度？具有哪些特徵？網際網路是否構成「社群」，這個問題很能突顯其中的困難。社群什麼時候才算是社群，這是另一個問題的翻版：如何決定一個群體何時真正與另一個群體或自身內部的群體整合起來？當這兩個想法一起運用的時候，就像是在「整合社群」的概念——這是社群凝聚力這個概念的根本——碰到的困難非常複雜。這跟前面討論的本質主義的問題也有關聯。我們很容易就假設社群是同質的、邊界很強固。

也有人認為，「社群」的討論已經讓議題去種族化了，所以沒有提到種族主義，而且少數種族不是過著「英國式」的生活，這是有問題的，卻不去承認語言學習管道往往難以獲得，數量也不足，而第二、第三代的少數族裔婦女在教育和職業方面越來越成功，少數群體卻還是繼續住在原本的地方，種族歧視和騷擾是重要的理由。

換言之，「社群」是一個溫和的概念，至於「社群凝聚力」，它往往掩蓋了對少數種族社會群體偏斜且有失公平的描述。

2 「社會資本」理論

哈佛大學政治學者羅伯特．普特南在二〇〇〇年出版《獨自打保齡球：美國社群的崩潰與復興》，書中把已具影響力的社會資本概念推入嚴肅的全球辯論中，並讓它在世界各地對社會政策產生重要的影響，特別是透過世界銀行等國際機構的採用。

「社群」概念是這個框架的核心，且與社群主義的思維非常吻合。這使得社會資本的概念很容易融入社群凝聚力議程之中。

普特南將社會資本定義為「個體之間的聯繫——社會網絡以及由此產生的互惠和可信賴的規範」。他強調，高社會資本能讓密集網絡中的參與者能相互信任，共同行動，以追求並實現共同的目標。原則上，「結合」和「橋接」社會資本之間是有區別的。「結合」資本跟在輪廓清晰的社群**之間**的凝聚力是同一回事；無論是在階級、種族、性別或年齡，它把「彼此相似」的人湊在一起。

「橋接」資本是在特定社群之間創建重疊網絡的過程之一，把跟自己不同的人湊在一起。普特南及其追隨者知道，大量的結合資本有其「黑暗」的一面，因為它被用來在自己人和「其他人」之間建立強固的界線，繼而把「其他人」排除在外，還可能將之汙名化。這麼一來，如果要達到更廣泛的社會凝聚力，橋接資本就是關鍵的組成部分。

共享價值的觀念也是在這個脈絡下變得重要；文化差異太大意味著共通的價值觀降低，這被認為會導致橋接資本水平低落。

美國在一八九〇年代到一九二〇年代曾有一段如田園詩般的時期，人與人關係密切，公民和政治參與的程度很高，互信也很高；普特南的說法是對這段過往的哀嘆。

他把眼前的問題歸咎於三個發展：電視、雙職家庭和城市擴張。要如何扭轉美國社群的衰落？他的建議是公民復興的新時期，加上社群協會的發展，以及公民和政治參與，創造了結合和橋接社會資本的新形式，可以把一個面臨「分崩離析」的國家綁在一起。

對於英國決策者來說，這個診斷和「解決方案」的吸引力在於，他們相信「少數民族問題」和英國眼前更廣泛的社會問題，明顯的癥結在於社群關係的破裂。普特南在唐寧街十號的首相府舉辦研討會，而在英國各城市打造社會資本的想法已牢牢嵌入政府政策之中，作為多元文化主義以及讚頌鼓勵「多樣性」的替代方案。

普特南有些著作聚焦於種族多樣性，他的結論是，種族多樣性往往導致信任度下降。他認為，不同社群之間亟需建立橋接資本，但他也承認，這比建立更關心自身的結合資本還難。普特南舉了波士尼亞和貝爾法斯特的例子，說明橋接資本對於「調和民主與多樣性」至關重要。

普特南對社會資本的論點影響廣泛，而且他將之運用於歷史與當代的分析方式，掩飾了其在概念上、方法上與經驗上的嚴重限制。若是把一些更令人滿意的英國社會研究列入考慮時，其中一些限制會變得特別明顯，這使得把普特南的論點套用在英國顯得更有問題而不恰當。

在概念上，他所定義與使用的社會資本是以中立、功能理念的面貌出現，用以突顯對社會有益的信任和互惠議題。但是他的用法忽略了其他許多社會學家指出的，社會資本也以「文化資本」的型態存在，讓上層階級得以建立獨享的網絡和各種優勢，尤其是在教育方面，這使得他們能壟斷好幾代人的機會和獲得其他資源。歐洲工人階級中少數族裔比例過高的事實，在某個程度上美國也是如此——尤其是在非裔美國人身上，結論很明確：社會資本不能只被視為造福整個社會的中性資源。

普特南對社會資本所持的論點還有兩個特出之處。強調的主要是關係的數量而非品質，像是友情與平等。而且，他看待歷史大而化之，因而未能處理當地、社區和傳統的歷史特殊性、社會記憶，以及會影響不同社會空間中不同社會群體之間關係品質的社經政治不平等。

而普特南的分析忽略了已經發生的重大社會變化，因此他衡量結合資本和橋接資本的指標變得越來越無關宏旨。如芭芭拉．阿尼爾已經指出的，普特南繼續衡量傳統政黨和其他傳統團體、組織的參與度，忽略了另類政治的興起以及文化參與的種種形式——像是女子運動、女性政治團體等活動（在普特南的分析中，女性扮演重要角色，殊不知這反而讓他的結果和建議變得偏頗），也忽略了在二十世紀後期的美國，個人社會化以及團體凝聚的方式，與普特南藉以建立比較和惋惜社群式微基準線的時期已經大相逕庭了。

若是把普特南的創見用在英國，即使在概念與歷史上做了很多的鋪陳也無法得到證實。彼得・霍爾分析英國的調查，呈現了一幅不同的圖像。霍爾就英國得到的結論是，不同世代參與協會組織的比例並沒有差異，因此，也沒有證據顯示社會資本有萎縮的情形。以女性而言，從一九七〇年到一九九〇年，公民和政治參與增加了一倍。霍爾之所以得到不同的結果，其中一個主要的原因是他充分考慮到女性教育經驗和成就的改變。如他所示，到了一九九〇年，有十四%的英國女性受過高等教育，而在一九五九年還不到一%的女性受過高等教育。普特南的分析忽略了美國女性教育的改變（受過高等教育的女性增加了十二%），因而嚴重低估了女性的參與率和社會資本的增長。霍爾的分析指出，國家及其教育政策在增加公民和政治參與方面扮演了重要的角色。

比較霍爾與普特南調查的協會組織類型之間的差異也很重要。霍爾後來把環保運動、非教會的宗教組織、婦女團體、運動休閒的參與，以及地方社群組織在貧窮、住房和種族平等議題上的參與也包括在內，這比普特南只關注教會和政治組織更能看出後一九六〇年世代的公民和政治參與。像伍斯諾等人用了更多與美國相關的參與資料，如人權和環保運動，也修正了普特南的論點。

普特南的分析遺漏了一件重要的事，從中很能看出他整套論述的選擇性。普特南的重點放在信任的整體下降；他對於特權群體和邊緣群體在公民信任方面所表現出的顯著差異鮮少著墨。研究結果顯示，白人和非裔美國人對信任的看法大不相同：黑人在整個期間的信任平均百分比只有十七%，而白人則為四十五%。的確，其他研究人員得出一個結論，普特南認為美國的信任度在二十世紀最後二十年普遍下降，是因為那些生活變得更困難、更不穩定的人的信任度下降，尤其是社會不平等日益惡化使然。

至於英國，霍爾分析了相關調查顯示，中產階級和工人階級的信任感有很大的差距。生活無虞的人，信任程度高於失業者、低收入族群、工作不穩定的族群以及貧困衰敗的地區。娜塔莉・賴特琪分析英格蘭和威爾斯的種族多樣性數據，發現族群之間欠缺信任，但是造成鄰居之間負面互動和態度最大的關鍵在於鄰里的社經地位。

大衛．古哈特認為多樣性削弱了對福利國家的支持，上述發現也跟環繞著古哈特的看法，以及「白人工人階級辯論」的爭論很有關係，我們在下一節會討論這兩個看法。

普特南選定的罪魁禍首——特別是雙職家庭和電視——也可以另作解釋，視為重塑現代社會的一部分，對「社群」和「社會資本」未必有害，反而創造了不同形式的社會網絡，也重新配置男性宰制、文化尊重和青年活動的舊模式。

在普特南的焦慮（還有歐洲各國政府的焦慮）的背後，是對社群團結的黃金年代的懷念，以致於過分強調共同的文化價值。同樣的，在質問英國政府關於社群凝聚力的提案時，這是一個重要的考量。

羅傑．澤特及同事對於新移民在英國形成社群的過程進行研究，從中可看到為何截然劃分結合資本與橋接資本、不樂見新移民接受結合資本，這並不是令人滿意的政策回應。換言之，只在共同價值和互惠規範的框架中鼓勵不同社群之間的「凝聚力」，但卻忽略了許多移民群體仍然需要一種組織方式，讓他們取得當地的福利資源與就業機會。共同的國族或種族——比如說羅馬尼亞人或庫德人——勢必成為網絡和組織的基礎，尤其是在遇到種族主義者刁難的地方，以及當他們認為有必要表達獨特的文化需求以及醫療保健、教育和宗教偏好的時候。

從瑪麗亞·哈德森和同事在北倫敦的托登罕與曼徹斯特的莫斯賽德進行的研究也可看出，對於像索馬利亞人這樣的群體來說，獨立組織不僅很重要，也說明了索馬利亞女性團體為何會不斷出現，並有助於索馬利亞女性融入社會，其中有些女性從特定的關切轉而組織參與當地的節慶。顯然這不是一種對社會或社群凝聚力造成可怕後果的「結合資本」的形式：「波士尼亞」或「北愛爾蘭」就絕不是允許這些形式的團結所帶來的不可避免的情景。

總而言之，就政策制定而言，社會資本的概念就跟社群的概念一樣，似乎是個脆弱的基礎，不能讓議程超乎多元文化主義的各種形式之上，而我認為這是必要的一步。

3 白人工人階級與「公平」的問題

二〇〇九年十月十四日，時任英國社群事務大臣的戴納姆宣布啟動一項計畫，主要針對全國各地白人勞工階級的地區，將投入一千兩百萬英鎊。也將特別成立論壇，讓當地人一吐心聲。撥款和各項措施擺明了不想讓白人勞工階級覺得跟移民相比，自己受到不公平的對待而心生怨恨，從而助長這些族群投票給極右翼的英國國家黨。當時已有兩名國家黨成員選上歐洲議會議員，包括黨魁尼克．葛里芬，該黨在地方選舉也大有斬獲。

二〇〇九年十二月，戴納姆斥責中產階級不了解移民對貧窮勞工的影響，因為他們不需要競逐工作和資源。因此，移民會讓他們感到「文化的豐富」；但是工人階級在工作、住房和培訓機會都受到壓力，也有一種可理解的「不公平感」。

當然，關於二〇〇一年騷亂的幾份報告都強調，北方城市的白人社區，尤其是工人階級和窮人，一直都認為公共資金分配不公，對於錢都給了亞裔深表憤怒。所有地方政府均否認這項指控，指出他們在款項的分配上非常審慎公平。

二〇〇一年之後，在英國一個相關但又不同的辯論中，白人工人階級的怨恨成了議題。它源自古哈特寫的〈太多元？〉這篇文章。古哈特是中間偏左的重要雜誌《展望》的編輯，他主要根據的是美國的論點，這些論點主張美國的移民和種族多樣性（以及之後的多元文化主義）阻礙了團結意識的發展，而這種團結可能促成建立一個強大的歐洲式福利國家。普特南的看法與論證顯然與此類似。古哈特再從這種對美國史的詮釋加以推論，得出的結論是：移民和日益增長的多樣性（並意指多元文化主義樂見多樣性）正在破壞那種共同文化、信任和團結，而那正是之前英國福利國家得以發展、鞏固之所繫。

古哈特的基本假設是，公民——他心裡似乎特別關注白人勞工階級——只會支持那些在價值和生活方式與自己相似者的福祉。他們跟鄰居的文化越是不同，就越沒有共同的歷史、鬥爭，也越沒有對福利國家的集體貢獻，白人對於移民及其後代在獲得國家支持時就越沒有同理、同情和團結之感。

班廷和金立卡、帕雷克、泰勒——古比等研究者都指出，古哈特的論點從根本上就很有問題。我們舉個例子，古哈特認定社會或國家團結與種族多元之間存在某種自然而然、不可避免的權衡取捨，這跟普特南並沒有太大差別。但從歷史上卻看不出這種確定的關係。古哈特舉了很多美國的例子，但就算他言之有理，也不知是否能套用在歐洲的民族國家。如同泰勒—古比指出的，在美國，種族多樣性讓敵對的團體在福利制度還沒建立之前就先分裂了勞工和福利聯盟，而在歐洲，左翼與勞工運動相對強大，在非歐洲移民開始大規模移入時，福利國家已經（或剛開始）建立了，這意味著歐洲日益增長的種族多樣性不會產生同樣的效果。歐洲國家雖然有很多移民，但是福利國家還是很受支持。帕雷克和我也指出，特別是在英國，非歐裔移民勞工的支持是創建福利國家不可或缺的；其時正是柴契爾夫人新自由主義當道，移民受到打壓，福利國家更是元氣大傷。甚至，福利國家在整個歐洲都承受壓力，進行重組和削減，不管該國的移民率是高是低。

古哈特對多元文化主義的觀點，其意涵是明確的，但他不太提多元文化主義。但是，就如班廷和金立卡所指出的，只要多元文化的政策有助於支持種族的多樣性，就可以減輕移民可能產生的侵蝕，再次顯示在多樣性和團結之間未必一定會有所權衡。移民和種族多樣性的效應是間接的，有可能受到政治和政策倡議的正面影響，創造更友善的氣氛，接納外來人口，也深受住房、上學和就業等稀缺資源在當地的狀況所影響。

圍繞著移民、種族多樣性和福利國家發生的種種衝突所展現的方式略有不同，而白人勞工階級的問題在此脈絡之下再次納入考量。二〇〇一年的報告已經預示了英國的這個論辯，丹奇、高芙蓉和楊恩在二〇〇六年出版《新東區：親屬關係、種族與衝突》，研究了變化中的倫敦東區：這本書引起廣泛的討論與爭議，讓前述的辯論更顯白熱化。

這項研究的敘述盡現英國各地上演的劇碼，對政府思考社群凝聚力和針對白人勞工階級的新政策產生了相當大的影響，這一點可從本節開頭社群事務大臣的宣布看到。

新東區的故事概述如下。從一九七一年到二〇〇一年，在哈姆雷特塔自治市的居民中，孟加拉裔的比例從二％上升到三〇％。這段期間還出現了大規模的「白人遷移」和外流，越來越多東區的白人工人階級搬到艾塞克斯郡一帶，以遠離移民及其家眷。由於公共住房或負擔得起的私有住宅嚴重短缺，其他的東區白人工人階級（通常較年輕）只好離開，步上因二次戰後重建而安置於艾塞克斯的前代人的後塵。

總的來說，這項研究描繪了白人強烈的敵意、怨恨和遭受背叛的感覺，他們認為受到非常不公平的對待，而新移民卻是有求必應。特別是，作者告訴我們，白人勞工階級對於根據需求而非對地方和國家財政的貢獻來發津貼的做法大感憤怒。老一輩的白人也關心，在移民更受關注的新時代，自己對戰爭的貢獻似乎已被遺忘。讓他們沮喪的是，白人勞工階級看到福利國家的性質正在改變。以前是「慢慢等，總會輪到你」，等得越久，獎勵越多，所以居民的子女也有優先權，如今卻是按需求的原則來決定，住房的需求尤其如此。

作者認為，碼頭和其他製造業就業崩潰的一九七〇、八〇年代，剛好是孟加拉男子決定把家人接來英國的時候，他們擔心家人在孟加拉與巴基斯坦交戰期間的安危，也很想在限制移民的法律通過之前與家人團聚。此時，權力集中是大勢所趨，而新的福利分配體系奠基於需求，也掌握在由中產階級擔任的地方當局手上，其中有許多人把工人階級的抱怨視為種族主義。

更有甚者，金融中心也在東倫敦，其擴張意味著「雅痞」湧入，對他們來說，這裡只是品嘗各國美食、體驗異國情調的遊樂場而已，他們跟當地居民沒有任何瓜葛。他們想離開就離開，而他們的新豪宅占去了寶貴的空間，更是讓久居當地的白人工人階級感到怨憤。

雪上加霜的是，許多第二、第三代孟加拉裔兒童在學英語和適應生活方面得到額外的幫助，在學校表現優異，上大學，有好工作，搬進郊區更好的住房。

作者認為，極右的英國國家黨於一九九三年第一次參加地方選舉，被白人工人階級送進議會也就不足為奇，因為白人工人階級眼見自己被新政治菁英和統治階級所拋棄、忽視與背叛，深感痛心。

對事件的描述以及從一九七〇、八〇年代以來該地區的變化引起的反應，《新東區》的研究因為過於簡化且誤導而遭受嚴厲的批評。我在此特別引用多位曾擔任哈姆雷特塔自治市地方當局官員、以及各路社會學家和地理學家的批評，特別是米歇·基思，他曾是哈姆雷特塔自治市議會的工黨領袖，同時也是倫敦大學金匠學院的教授。

首先，丹奇、高芙蓉和楊恩遺漏了重要的脈絡訊息。他們的研究雖然跨越了十年，但是從未適當安置被引用的白人居民：沒有說明白人居民發表意見的確切時間和地點，未能具體說明像是當地資源短缺等情況，結果就是就把他們化為一團，因而引發議論。

這以另一種誤導的方式來同質化白人勞工階級，以致錯得更加離譜。「白人」其實混雜了愛爾蘭人、波蘭人、馬爾他人、希臘人，還有希臘和土耳其塞普勒斯人，再加上英格蘭鄉下人的子孫、東歐猶太難民後裔以及來自歐盟的新移民。沒有一個單一的「白人工人階級社群」，他們的觀點也不能視為只有一種統一的表達。

而且，人們傾向於把工人階級中最窮的人，也就是最受住房、工作和其他資源短缺所影響的部分，視為白人勞工階級的代名詞。媒體報導這個問題時也是如此，常常把最窮的白人拿來跟整個少數族裔相比，忽略了兩邊社群裡的階級畫分。例如，在比較教育成就的時候，會把最窮困的白人與整個英國亞裔或整個勞工階級的英國亞裔相比。

《新東區》的研究還用了別的誤導方式，把少數族裔統合起來。這一區還有來自加勒比海和非洲的移民。當地的動態不能簡化在白人對孟加拉人的敘述中。此外還有交互的聯繫，以複雜的方式（尤其是宗教信仰）結合並區分了白人和少數族裔：這一區有天主教徒、英國國教徒和其他的新教徒、猶太人和各種穆斯林。

這裡沒有提到哈姆雷特塔自治市的服務和學校教育已經有了顯著的改善。當地社服部門的策略合作夥伴計畫被譽為「全國最佳」，監督地方當局的中央機構——改善暨發展署——頒獎給該市，表彰其在「社群凝聚力」的卓越表現。

更糟的是，對於地方議會歧視孟加拉移民（尤其是在住房分配方面）的種種證據隻字不提。此言不虛，議會的歧視行為——包括把最差的住房分配給孟加拉人——招來連連怨聲，已經到了讓種族平等委員會啟動正式調查的地步，種族平等委員會在一九八七年九月通知哈姆雷特塔不得再有歧視之情事。這似乎沒什麼效用；一九九一年，高等法院對議會發出違規通知。類似的是，該研究也提到孟加拉人遭到種族主義者殺害，但這並沒有轉而嚴肅討論孟加拉人為何必須進行長期努力，這些努力只是為了能夠在哈姆雷特塔的街上安全行走而已。

住房短缺是當地衝突的根源。柴契爾夫人「有權購買」的政策在一九八〇年引入哈姆雷特塔，出售公有住房，當地的住房短缺與此很有關係，尤其讓人驚訝的是，政府沒有作為。這項政策改變了持有住房的模式。在一九七〇年代的哈姆雷特塔，公有住房約有四萬戶，自有住宅戶約有兩萬戶。到二〇〇〇年，「有權購買」已經把公有住房減少到兩萬戶。在《新東區》的敘述中，像這樣公共資源的日益短缺被認為理所當然，而不去細究短缺為什麼嚴重至此。

《新東區》的故事已經在全英國上演。就如史蒂夫．賈納指出的，在全英國推動「有權購買」的政策，意味著在一九七一年到二〇〇二年之間，自有住房的比例從四九％上升到六九％，而租屋的家庭比例從一九八一年的高點三十四％降到十四％。賈納和同事在全英國各地進行研究，也發現白人工人階級在競爭稀缺的國家福利時——特別是住房，但也不限於住房——感到很強的失落、背叛與不公。

我們從賈納身上得到一個觀點，那是其他評論家在討論白人勞工階級時不斷提出的觀點。《新東區》和英國國家黨的觀點認為白人輸給移民，但是賈納等人認為，白人和少數族裔工人階級輸給中產與上層階級。有趣的是，《新東區》研究的作者之一的高芙蓉現在也接受了相同的觀點：兩者的剝奪感都與中產階級相關。但是白人勞工階級依然覺得不公平，並且這種感受還會持續下去，直到白人工人階級與少數族裔都受到中產階級剝奪的說法能被更持平、更有力、也更能信服的傳播為止。

社群凝聚力是問題與答案嗎？

支持社群凝聚力官方政策架構的概念和證據，在嚴格的批判檢視下也未能全身而退。

但無論如何，我們還是要問：社群凝聚力如何定義？凝聚力缺乏的問題要如何修補？二〇〇一年所面對的挑戰，又因二〇〇三年抗議入侵伊拉克而更顯急迫，這有一部分是因為英國亞裔穆斯林的不滿和欠缺國家忠誠度；尤其是二〇〇五年七月，一小群激進、抱持伊斯蘭主義的亞裔穆斯林男子發動了倫敦爆炸案。

在二〇〇二年建構凝聚社群的報告發布後不久，英國內政部成立了一個專責的社群凝聚力單位；開啟「社群凝聚力探路者計畫」；地方當局必須研擬社群凝聚力計畫，指引應該如何促進不同社群之間的互動，並消弭其間的隔閡；在約瑟夫·朗特里基金會、蘭尼米德信託、遺產彩票基金等慈善志工組織參與下，建立了許多相關研究計畫。

不同的政府機構提出了幾個社群凝聚力的定義，彼此互有重疊，且都是源自佛瑞斯特與卡恩斯的論文。近年（二〇〇六年）對地方當局的說明，列出三個形構社群凝聚力的特徵：

一、每一個社群都有共同的願景和歸屬感；

二、背景相近的人擁有相近的生活機會；

三、在工作場所、學校和鄰里中，來自不同背景和環境的人之間持續發展出強固且正面的關係。

有許多（如果不是多數的話）評論家和研究員依然對「社群凝聚力」的官方思維抱持懷疑態度。我們已經指出，這樣的懷疑可以合理地用不同族群間的分割與隔離程度來表達。不僅如此，政府提案背後的社群主義、官方對社會資本理論的嚴重依賴，以及白人勞工階級不公平感的正當性，結果也都是很可疑的基礎，不足以支持社會凝聚力的議程。

此外，社會凝聚力議程中還有三項主要的弱勢環節。

首先，這大概是對政府政策最普遍的批評，對於少數族群及鄰近的白人勞工階級社群所面對的階級不平等問題，政府只說些場面話，而無實質助益。政府的文件總會提及平等生活機會的重要性，但卻很少談論應該如何克服機會的不平等，對整體財富與收入重分配，也沒有提出解決之道。

正如所有的研究所示（特別是在回應普特南關於社會資本的觀點時），在貧窮地區的社群之間對政府的信任程度最低。雖然地方振興的方案有用，但顯然還需要搭配重分配的政策；因為在一九八〇年代之後，收入和財富不平等的現象急劇惡化，向上的社會流動又停滯不前。

不平等擴大和城市空間私有化，其中一個指標就是封閉式社區迅速發展，富人興建豪宅，還有私人保全嚴加保護。由此產生了更真實的隔離，以及富豪階層與其他人（特別是各個種族的勞工階級）之間的「平行生活」；這對社會凝聚力產生了不利的影響，也在各個族群的勞工階級中造成更大的排斥感。

欠缺認真對抗社會經濟的不平等，這其實意味著一種社群凝聚力政策的「文化化」（culturalization）；少數族群與窮人的文化被指責為欠缺凝聚力。更有甚者，政府的論述拿捏不定，徘徊於兩種觀點之間：依附於鄰里社區的共通性，以及說得不清不楚的「英國性」，這也成為社群凝聚力論辯的重點。我們會看到這裡也是如此，在堅守國家價值的華麗修辭下，受到嚴重衝擊的正是少數族群。

這些泛泛的批評雖然有其力道，但我們得轉向更細緻的研究計畫，從地方層級來探討社群凝聚力的議題。這方面的研究提供了更豐富的證據基礎，足以評估超越多元文化主義策略的可行性。

其中做得最好的研究之一是瑪麗・希克曼和同事針對英格蘭、愛爾蘭和蘇格蘭城市地區的研究。他們的研究強烈支持了此一觀點：要在社群之間建立凝聚力與團結，「關係」和「結構」的議題與倡議都至為關鍵。至於許多社群凝聚力政策批評者提出的論點，認為這只是結構性劣勢的問題——當地資源匱乏、失業、貧窮等——事後觀之都是誤導的。在貧乏的社群關係與剝奪之間，並不存在一對一的對應關係。

比方說，在某些地區，新住民和先到的移民並未遭受種族主義的欺凌與騷擾；當地的條件和文化是關鍵。一方面，某些地區有強烈的地域敘事，立基於一個觀念，所有人都來自「附近」，所以文化是同質的（對比於其他地區發展的概念：當地包含「來自這裡及其他地方的人」）。「在地主義」不利於跟不同種族的新移民建立友善的鄰里關係。另一方面，這種孤立的地方文化又展現出有能力隨著當地機構的靈活與思慮而改變態度和行為。

這類的政策脫穎而出。首先，新移民到來時，投放額外的資源，讓所有社群都受惠，如此一來，對移民的態度就不那麼有敵意，也更包容。新資源的部署必須提供更充分的資訊，並破除社群之間資金分配的流言。其次，地方當局創建休閒等空間以促進社群互動，要設法改善社交關係。第三，專門服務特定對象（例如婦女）、助其改善取得資源管道的地方機構，必須降低敵意並有所改變，以改善跟新住民的關係。

此外，還要成立論壇，可以更自由地探討種族之間的棘手情境，讓張力得以擴散。在萊斯特，這個功能是由全市的多元文化諮詢小組負責執行。關鍵點在於，這個小組包括了英國廣播公司的萊斯特電台和當地讀者眾多的《萊斯特信使報》。

為了管理新的「超級多樣性」，萊斯特提供了一個有趣的案例。到英國的索馬利亞人本來多半是中產階級，最早落腳在荷蘭和丹麥，後來搬到高度種族多元化的海菲爾德，結果索馬利亞青年與已經定居於此的非洲加勒比海裔青年互相敵視。雖然一些政策在萊斯特的學校等地方實施，然而，它們的成功很大一部分要歸功於市政當局已經雇用了大量少數族群，得以從中調節。

這個案例還彰顯了研究報告所激發的一種觀點的重要轉變。「白人反彈」特別針對新移民，但不僅止於此；在這裡落地生根的各個種族社群，包括非洲加勒比海裔和亞裔，都討厭新來的移民，不管他們是黑人（如索馬利亞人）或白人（如波蘭或其他地方來的白種歐裔移民）。也請注意，該研究也揭示了東歐白人新移民對黑人和亞裔的種族主義態度，萊斯特已經碰到這個問題，特別是在學校裡。

有趣的是，儘管許多批評者對這些計畫的冷嘲熱諷，文化節和其他的文化活動（像是婦女合作編製手工藝品和紡織品）卻普遍帶來正面的效果。批評種族關係政策的「文化化」或許言重了。

這個研究計畫還有別的價值。不過，我想在這裡重申研究人員的結論：每個地區皆有其獨特性，列斯・巴克在倫敦的研究也證實了這一點。因此，萊斯特不見得是個典範，其措施也不能套在其他地方。而且，幾乎可以確定的是，萊斯特的種族敵意比研究計畫所呈現的更為深遠。

也值得放在心上的是：跨社群計畫面對很大的困難，長期下來，各種需求、期待和經驗已經定型，而跨社群計畫卻需加以調和。這類計畫需要耐心和長遠的眼光。像是參與計畫的社工人員吉爾克里斯特，已經對只求速效的政府政策發出警告。

顯然沒有一個簡單的框架和一套方案可為發展「社群凝聚力」的難題提供解答，觀念的含糊為多樣的變化及因地制宜留下很大的空間。

令人振奮的是，在執政的最後幾年，新工黨已開始思考採納希克曼及同事從地方研究所得到的結論。因此，在回應二〇〇五年七月倫敦爆炸案的報告《我們共享的未來》（二〇〇七）中，可以看出更周密的官方立場。從這份文件可看出了解當地脈絡的重要性，強調沒有一個策略可以一體適用，剝奪與種族敵意之間也沒有必然的相關性。經歷高度衝突的地區通常有多重議題需要處理，特別是新工人迅速湧入的是一個低就業機會、住屋短缺的地區。這份報告也接納個人所擁有的多元認同，建立跨族群的連結。

第五章 國家認同、歸屬感以及穆斯林問題

國家認同、歸屬感以及公民權

如果在歐洲，「族群融合」此刻正取多元文化主義而代之，這個問題就永遠會出現：究竟要融合成什麼？或者套用英國式的概念，所謂「社群凝聚力」這樣的術語，精確地說要根據什麼來凝聚呢？除了先前已經討論過的問題，乃至於怎樣衡量族群融合以及決定何時進行融合，質疑的人永遠都會指出，舉英國為例，對移民來說融合就意味著想要、並且也成功地加入「作為英國人」特質的文化，諸如狂歡濫飲、或者嗜食過胖、甚或是恐懼外國人嗎？所謂成為一

個英國人、或荷蘭人、或是任何其他地區的歐洲人，實際上到底意味著什麼？

換句話說，這個問題已經跟國家認同的概念密不可分。融合與凝聚都意指少數族群和新來移民在獲准移入並最終得到完整居民權的過程中，需要遵守在這個國家裡視為「核心」的價值，同時還得引以為傲，不論這些核心價值究竟是什麼，只要能夠定義這個國家的本質。國族的概念變得更為核心也更受矚目，因為受到全球化、歐盟整合和內部民族主義的種種影響，對國族的完整性產生了離心的壓力；這些影響因素長期以來蘊含政治上的安排和妥協，當年民族國家最初也是因為這樣才得以建立起來。譬如，聯合王國開宗明義就是一個多民族的國家，長久以來蘇格蘭、威爾斯和愛爾蘭對英格蘭高踞支配地位日益不滿。

然後還有所謂「穆斯林問題」。這些遍及歐洲的爭論絕大部分是由一種焦慮感所引發，焦慮源自於假定移民進來的穆斯林少數族群缺乏融合意識與為國效忠的觀念。可想而知，九一一事件和極端伊斯蘭運動的興起、馬德里爆炸案、英法兩國穆斯林聚居地區的騷亂，以及極少數英國穆斯林受蓋達組織影響唆使的活動，最引人注目的就是二〇〇五年七月的倫敦爆炸案，這些事件之後爭論就更變本加厲。

我在下一節將討論穆斯林議題。把出現在關於族群融合和國家認同的這些爭論當中某些複雜的情結，以及令人困惑的千頭萬緒梳理清楚，正是眼前要務。

「核心價值」的概念一直是討論國家認同時最常見的方式。在英國，很多人感嘆法國式的「自由、平等、博愛」，或者美國式的「自由之地」這樣具有確切說明力的架構，在英國付之闕如。所以，東尼．布萊爾和戈登．布朗特別試圖要在主要演講和公文書中加入這些核心價值的字句，來描述英國之所以能夠確立其獨特性的本質。

二〇一六年十二月，在一篇後來成為確立英國獨特性的重要演說當中，時任首相的布萊爾就同一個主題做了幾種不同的詮釋：「信仰民主制度，依法治理，容忍歧異，一視同仁，尊敬這個國家及其繼承而來的傳統」；「團結一致面對共同的未來，擁護和平的共存」；「容忍歧異，團結跨越種族上與宗教信仰上的分歧，對待所有國民以及所有國民之間一律平等」。他同時也堅持，這些核心價值並非完全摒棄多元文化主義。所有國民還是有「我們各自不同的信仰、種族和教義」的權利；但是我們有「責任在表達任何與眾不同的歧異時，其方式要完全符合把我們連結在一起的共同價值觀」。

檢視戈登・布朗幾次不同的正式發言，可以從他的觀點找出三個主要成分。首先，「英國必須為過往歷史而道歉的日子已經結束……我們應該對大部分的過往感到自豪……我們的歷史是我們英國人特質的精髓所在」，而我們從英國參與全球事務的經驗能夠得出來的結論是，英國是「向外看的」（outward-looking），個性上是「開放並且胸懷全球」。其次，英國最本色的價值觀強調自由，公平和容忍歧異；以及第三點，視「責任」為恆久不變的價值所在。

布朗也提到了「適應力」，「實在奉行的常識」，以及「對基本教義思想的深度懷疑」。上述這三項特質，不禁讓我們聯想起像霍布斯邦和柯爾斯那樣左派和中間偏左的歷史學者，但柯爾斯也指出了軍事勝利的重要性，以及「英國在國內講究自由，到海外卻伸張強權」所形成的自我矛盾。

於是，要從悠久、複雜、充滿矛盾的明確史實中，試圖定義關鍵英國特質時，我們馬上就遇到困難。世界上沒有一個國家的過往是全然正面的，無論有多少成員會想要相信他們正義無敵，終究枉然。與上述觀點極其貼切的歷史學者琳達·科麗指出：「英格蘭人、威爾斯人、蘇格蘭人以及愛爾蘭人無分軒輊，都一樣貪婪、冒進、擾人，滿腦子全是推行貿易與戰爭，積極、狂熱，往往還很殘暴，經常顯得傲慢自大與背信棄義。」她沒有提到種族主義以及許多情況之下經常顯得蠻橫的殖民主義。正如馬昆德所說的：「英國人的特質也有醜陋的一面……要談論英國特質卻無視於帝國的黑暗面，那根本就是在搞笑。」

再加上許多人已經指出來的事實，「提出異議」和「激進主義」也是長久以來的特徵，對現今英國人之所以能夠標舉自由、平等和寬容有巨大貢獻，布萊爾和布朗的說法沒有辦法形成一以貫之、有條有理的論述，並讓每位公民都奉之為當時的主流說法。確實，在任何國家的歷史上顯然都沒有這樣的說法。在英國，很難看到有誰會一味支持君主制或主張共和制，或者高舉自由主義、社會主義、保守主義，乃至於以虔誠信教、人文主義、女性主義，或者信仰「家庭價值」者自居——在此只點出幾類沿著英國文化意識形態斷層線的立場觀點——而傾向於同意某種從社會的標準而言較為溫和的普遍說法，但這種說法充斥老生常談，而且如果要用來討論任何特定時期或某一段接連發生的社會事件，就很容易崩潰瓦解。

事實上，比較有成效的態度是承認在這些見解上缺乏共識，這樣的態度不只可以增強民主制度，而且絕對是這個民主制度能夠健康運作的必要條件；許多政治理論家如塔利、墨菲和阿敏都提出這樣的主張。

但目前要架構起這種英國特有的民族性，還得面對其他嚴重的問題。在所有這些價值觀裡面，屬於「英國的性質」到底是什麼？荷蘭人自豪於其寬容的民族美德，其他國家也試圖列出一長串他們希望境內少數族裔和新移民可以積極奉為圭臬的類似德行。這並不足為奇。任何自由民主政體或民族國家，起碼都會希望其公民能矢志貫徹民主制度，並且在一定的程度內都能容忍歧異、追求公正平等（然而每當有人試圖在這些相對空洞的概念與理想當中，注入一點實質的運作準則，就會出現嚴重的意見相左）。

無論如何，對國家的歸屬感、忠誠與愛國心，能夠透過歸化測驗和儀式這一類英國和荷蘭等地極力推行的創新措施，灌輸給未來的準公民嗎？尤其當許多新成員已經飽嘗社會的敵意、拒斥和歧視，或許也還持續遇到這樣的狀況，這些措施會有成效嗎？大多數的歷史學者和社會科學家都不太相信從上而下用國家的力量把國旗、誓詞和國歌灌輸給新住民，能讓這些人對國家產生歸屬感和真摯的深情。倒不是說這樣的測驗和儀式原則上有什麼令人反感之處——這在加拿大和美國已經行之有年了，值得商榷之處是新加入的公民是否透過這些措施對所移入的社會，學到某些有用的資訊，並象徵性地標誌他們取得公民身分，顯示出這是值得慶祝的重要轉變，也強化他們對相關權利義務的感受。

然而，為了要建立起新住民隸屬於這個國家的真實感受，必須要讓他們參與，透過在社會上能夠有完成願望、享受樂趣並且難以忘懷的經驗，進而產生更多的社會互動，持續建立並加強他們對社會的向心力與歸屬感。正如社會資本理論的專家都力主建立起更強烈的共識並減少族群的歧異，但目前的證據顯示，要在一個民族國家的成員間營造夠好的歸屬感與社會團結，加強共識與減少歧異並非不可或缺。

英國政府以及其他地區的幾個政府都採取了一個更加適當的策略，就是對相關的這些議題「去國家化」(de-nationalize)和「去族群化」(de-ethnicize)，把議題限定在公民權以及隨之而來的權利與義務這個框架中來討論，透過這些討論，各種身分的公民對於民主、公正、平等、法治等廣泛價值觀的承諾與肯認，人們藉此形成各種程度不一的認同。而這不僅是為了接納少數族群和新移民。例如在英國，所有的證據都顯示，大部分的蘇格蘭人對自己身為英國人這個概念的擁護程度是最低的，尤其對於英國在傳統上以及推行到全球的認知上，都把英格蘭描述為處在支配的地位，特別感到不滿。除此之外，許多人也開始意識到，在一個迅速全球化的世界裡，先進工業國家生育率降低、技職人員短缺，需要引進外來移民以促進經濟發展，在推行加強公民歸屬感的政策目標時，降低民族主義色彩才是更恰當的做法。

二〇〇二年，英國政府在十一歲到十六歲學生的全國課綱中推行公民教育，其中的推薦內容包括種族主義和族群介紹，讓學生了解各種不同的信仰，並研讀黑人族裔作家和亞裔作家所寫的文學作品。但對此公民教育課程，有兩派不同的批判觀點，他們嚴厲指責這麼一來，在英國史及其核心價值當中原先所構建起來的那個首尾一致的論述，形成了內部困難。二〇〇七年，一份由政府委託奇斯．阿傑布哥爵士所撰寫的評論就抱怨，這部分教育內容對大英國協的身分認同與歷史的強調力道不足。二〇〇九年一月，倫敦大學教育研究院的高等教育管理學教授大衛．華生爵士則譴責，現行的公民課程「太脆弱」且傾向「國家主義」，呼籲應該要更具有「國際敏感度」。他還建議要對公民測驗的新申請者擬出一份文化要求程度較低的特殊問卷。特別是，他所主持的一項研究顯示，學校公民課上灌輸的愛國主義太過於道德取向，掩蓋了任何國家歷史都絕不可少的「道德曖昧性」。

顯然，公民身分去國家化的過程距離目標還有很長的路；但仍是一個理想。我的看法是，這個理想值得我們努力奮鬥。我們還得要注意，目前並沒有證據顯示國家認同正嚴重衰退；究竟需要強化的是對國家的歸屬感，還是某種能夠培養公民責任感的賦權形式，目前並不很清楚。牛津大學的奚斯、馬丁、艾爾金尼斯等人根據一九六〇年代至今的民意調查所做的研究顯示，大部分的國民仍然認同自己是英國人。但是奚斯和同僚也發現，過去四十五年左右的時間裡，持續自認為英國人的意識和願意履行公民義務的意向之間幾乎沒有關係。因此，國家認同、社會團結和積極履行公民權之間的關係，似乎顯得複雜費解。

這些年情況改變的部分是，有更多的人口如今有至少兩種身分上的認定——例如兼具蘇格蘭人和英國人、或是威爾斯人且是英國人的雙重身分。而所有對定居下來的少數族群所做的研究也顯示，這一類的人對多重並跨國的歸屬情況覺得很自在，對自己「身為英國人」這件事情的認同程度因人而異。對少數族裔身為英國人的身分認同，我也做了廣泛的調查，結果也證實是如此。

奚斯等人認為，如果還有什麼議題需要處理，應該是要針對加勒比海和非洲族裔的年輕黑人做進一步的研究，因為其中至少有五分之一對身為英國人的歸屬感很弱。研究結果顯示，這或許和他們所屬的社會階層以及膚色因素交互影響所產生的複雜情況有關。克蕾兒．亞歷山大在一篇研討會論文〈身為黑人的藝術〉中揭示，一方面，黑人強烈地跟伯明罕、倫敦這樣的城市產生在地忠誠，或更細到城市裡面如哈克尼區的歸屬感；如今甚至於連郵遞區號都成為這種歸屬與在地情感的一部分，有時甚至達到堪稱危險的程度。然而，亞歷山大與其他人的著作也顯示，身為中產階級以及被視為黑人這兩者之間有一種緊張關係。中產階級的口音以及抱負，包括在學校裡要努力用功的觀念，在不確定比例的勞動階層黑人族群中，會跟「背棄自己族群刻意討好白人社會」以及「假冒白人」這類的貶義評價聯想在一起。

顯然，這種情況對要兼顧身為黑人同時又是英國人的適應過程，產生不穩定的影響。在調查中，被描述為「加勒比海裔」的人當中有兩成的伴侶是白人，「加勒比海裔」孩童中有四成的雙親之一是白人，於是，「混血」這個類別可能是英國少數族裔中數量增加最快的部分。這一切都更加證實我長久以來的看法，也就是英國國民的身分認同，尤其是少數族裔的國民，是處於複雜、不穩定、以及時時變動的情況。

在英國這些亞洲來的少數族裔在身分認同上就更複雜了。原屬民族和地理上的來源如果是前殖民地，原先受制於信仰、種姓、亞種姓和其他各種血統劃分，再加上城鄉及地域特有的差異，已經錯綜複雜的身分認同交疊，平添新的變數，這一切都使得要把亞裔歸納起來的努力容易出錯。羅傑．巴拉德在為一部探討英國南亞族裔人口的論文集所寫的導論中指出，該書每一章向讀者闡明的，都不只是一個社群和另外一個社群的不同，而是這其中每個社群都依循著各自完全不同的驅動力：「結果就是……分歧越來越大……在講到一個亞裔社群時，甚或是用『印度的』、『巴基斯坦的』或者『孟加拉的』這類形容詞來標注時，往往是在強化一個原本並不存在的分野。」

無論如何，官方最擔心的明顯是穆斯林社群，這個情況在二〇〇五年七月倫敦爆炸案後相當程度達到一個最高點。遍布於歐洲各地的穆斯林被視為是最需要加強國家歸屬或歐洲歸屬感的族裔。穆斯林族群首當其衝，成為英國和其他歐洲各國實行族群凝聚、族群融合方案的主要目標。這不禁使得我們自問，在民族融合和族群凝聚上，總的來說，我們先前是過度反應嗎？

穆斯林問題

二〇〇九年底，瑞士在一項全民公投中禁止國內興建新的穆斯林宣禮塔，瑞士原本已有四座這樣的建築，且國內的穆斯林人口達四十萬。這項公投結果被廣泛視為違反「歐洲人權公約」，如此針對伊斯蘭教是涉及歧視，然而當時的法國總統薩科吉卻高調支持。二〇一〇年初，對一位明顯強迫妻子穿戴全副頭巾的摩洛哥男性移民，法國當局駁回其公民權申請。在這之前法國就已立法禁止在公共場所戴全副頭巾（據報導，法國境內六百萬穆斯林人口中，約有一、兩千名婦女戴這樣的全副頭巾）。

對許多批評者來說，這些決定向世人證實了歐洲是掌握在罹患了「伊斯蘭恐懼症」的政要手中，這種心態與一九三〇年代席捲歐洲的反猶太主義同樣有害。另外一些人，長久以來受到杭廷頓那本雖然有嚴重瑕疵但深具影響力的書所導引，把這項爭議視為最近一回合小打小鬧的「文明衝突」（《文明衝突論》正是杭廷頓那部大作的書名），在新時代的全球化戰場上取代了過去的冷戰與民族國家之間的戰爭。支持這類決定的人或許果真將之視為一個跡象，認為歐洲有望可以面對穆斯林移民、歐洲穆斯林生育率所帶來的迫切衰退，以及全球的聖戰威脅，已經有許多人用大量的出版品提出預言，例如華特・拉夸爾在二〇〇七年出版的《歐洲的末日》和克里斯托夫・卡德威爾在二〇〇九年出版的《對歐洲革命的反思：移民、伊斯蘭與西方》。

自一九七九年伊朗伊斯蘭革命及其後伊斯蘭世界查禁魯西迪的《魔鬼詩篇》以來，伊斯蘭就有意識地以更好戰的姿態在全球崛起，尤其是當時的伊朗領袖何梅尼對魯西迪發出那道惡名昭彰的「追殺令」，想來大家都已經知道，在這裡無庸贅述。至於進一步廣泛討論伊斯蘭在歐洲崛起的軌跡，我恐怕也沒有辦法多所著墨。但是在我們開始扼要分析歐洲穆斯林跟多元文化主義的關係之前，還是值得先把幾個一般性的觀點解釋清楚。

首先，在全球語境中泛泛地討論伊斯蘭和「穆斯林問題」，例如就像在杭廷頓的作品中那樣，往往顯得徒然無功，原因在於一般人把伊斯蘭信仰和穆斯林文化（以及穆斯林認同）混為一談，奧利維爾・羅伊稱這種情況為「文化主義者的混同」。作為一種宗教信仰，伊斯蘭教義是由《古蘭經》和《聖訓》（未記載在《古蘭經》的默罕默德行儀與言說）以及伊斯蘭學者對這兩大經典的註解所構成。這些教義不應該跟穆斯林文化（或者穆斯林文明）混為一談，也不能假定這些教義決定了穆斯林文化的內涵。因為文化包括了社會傳統，城鄉社會結構和關係、文學、烹飪、政治制度等等。正如另一位著名學者沙米・朱拜達所指出的，一般統稱「穆斯林社會」很容易誤導受眾，實際上存在多種混雜不同成分的異質穆斯林社會，其間的伊斯蘭信仰也是各式各樣，扮演著不同的角色，在一系列世俗化的文化傳統與社會形式中共生共存。全球穆斯林有不同的國籍和種族，說著各種不同的語言，實行著各種不同的文化慣例。穆斯林社會包含了相當大的穆斯林認同差異，從高度信仰取向且政治上極端保守，到信仰上有名無實、政治上自由開明而文化上力主改革，介於這兩者之間各式各樣的組合都有。種種的歧異都還沒有涉及伊斯蘭世界的最大分野，也就是「遜尼」與「什葉」之分，遑論其下各自開枝散葉的世系宗派。

穆斯林社會的諸多問題和軌跡走向，受到許許多多其他因素影響，並不僅止於「伊斯蘭」。我們可以看到，許多更世俗化的體制——例如埃及和突尼西亞——往往比伊朗或沙烏地阿拉伯這些正式歸屬伊斯蘭的國家，更致力於阻擋民主改革。

我們接下來會明白，要了解歐洲穆斯林之間演化出來的各種穆斯林文化與認同，其差異有多巨大，諸如此類的區別甚至會更形重要。

我們需要警戒在心的第二點，跟一般人所理解的正好相反，「政治上的伊斯蘭」目前可能正處於衰退中。也就是說，一九七九年伊朗革命之後的那些伊斯蘭政治運動，有段時間看起來似乎將會橫掃一切，但事實上無論在中東或其他穆斯林國家的國內政壇上，其所扮演的角色都相對不重要。這些運動在各自成為政黨之後就正常化了——阿爾及利亞的伊斯蘭救國陣線（FIS）就是一個好例子——之後都在民主化、人權和實現「公民社會」這類的旗幟下大肆活動，所有這些概念都是從西方的政治論述中借來。在他們國內的選舉中很少能夠獲得超過二十%的選票。

此外，即使在伊朗，伊斯蘭政治力量的優勢並不在於他們恢復為一夫多妻制或生養為數更多的小孩；自從一九七九年的革命之後，伊朗女性的識字率從原先不到三十％迅速提升到八十％。如今伊朗的大學生中女性占多數。在印尼那樣的穆斯林國家裡，二〇〇〇年的生育率只有二・六％，低於天主教國家菲律賓的三・六％。

全球範圍內「西方世界」與「伊斯蘭世界」的衝突之所以構成，反而誤打誤撞引發彼此之間的均質化。西方國家也在諸如墮胎、家庭中的女性角色、愛國主義目的何在、自由派與保守派之間對於信仰的不同闡釋、尤其是在該不該指派女性神職人員和同性戀神職人員的爭論裡如何表態之類很基本的議題上掙扎難解。西方世界執迷於想要找到同時資助一個溫和的伊斯蘭世界，所以就高估了在形成這種社會的過程中宗教所能夠產生的影響力，同時也誤解了他們想像中那個團結的伊斯蘭原教旨主義，其實裡面有各種相互傾軋的意見。

那到底是不是全世界穆斯林都支持「蓋達組織」和其他暴力性質的「伊斯蘭聖戰運動」呢？雖然在西方對伊斯蘭和穆斯林確實普遍有那樣的恐懼，但《新聞周刊》這份受人敬重的美國雜誌，有位名為法利德・札卡利亞的主編就曾經宣告（二〇一〇年二月）：賓拉登「在這一回文明的衝突當中落敗」，只有「少數零星散布在全球的狂熱分子」真正支持賓拉登式的聖戰主義。他聲稱，一般來說，橫跨整個穆斯林世界，極端分子都處於被孤立的狀態，沒有一個主要的國家看起來會屈服於這些聖戰主義的力量，而且「現代化又有些世俗傾向的政治勢力顯然掌握實權並廣受支持」。札卡利亞的描述再度提醒我們，從開羅的愛資哈爾大學，到先前支持賓拉登、並視之為導師的群眾，再到印度達盧爾烏魯姆德奧班德運動[1]的參與者，這些原先堅定支持並鼓舞蓋達組織的人，紛紛開始譴責聖戰和教令，並反對自殺炸彈。

札卡利亞的結論，有許多穆斯林觀點的可靠調查支持。最近的一份是《誰在為伊斯蘭發聲？》，這是由蓋洛普民意調查機構從二〇〇一年到二〇〇七年間大規模蒐集遍布全球的穆斯林意見，並針對三十五個穆斯林國家裡具有重要代表性的人，從幾千個小時的訪談紀錄中，匯編出這些人口表達的心聲。

這些調查顯示，多數穆斯林對美國和西方的欽羨程度，遠遠大於「他們討厭我們的生活方式」那種口頭禪式的刻板印象。許多人都希望他們的社會能夠更民主，能夠挑戰貪汙腐敗的現狀，促進女性地位的平等（即使是在沙烏地阿拉伯），並熱切渴望在經濟上有所發展（以上這些都在埃及、突尼西亞、利比亞、敘利亞、巴林和葉門的民主抗爭中得到證實）。根據這項廣泛的調查，全球穆斯林中只有七％可以被視為「激進分子」或「極端分子」，因為他們認為九一一恐怖攻擊「在道德上有正當理由」。但即使是這些少數人也不必然就會參與任何暴力活動，儘管他們對美國抱持巨大的敵意。值得注意的是，他們支持恐攻的理由主要是政治性的考慮而非宗教信仰使然。全球穆斯林中絕大多數都認為，極端主義與對外來思想缺乏開放心態都是在他們的社會裡最受譴責的特徵。

問到讓他們非常惱怒的「伊斯蘭教法」問題，值得注意的是，雖然有相當

1 darul uloom（或拼作 dar-ul-ulum），阿拉伯語的字面意思是「知識之家」。通指伊斯蘭神學院或教育機構，學生稱為 talaba。建立於印度北方邦的德奧班德的伊斯蘭神學院，創立於十九世紀，是遜尼派的伊斯蘭教復興運動起源地，反思英國殖民主義，主張復興正統伊斯蘭教，積極參與印度獨立運動。影響了阿富汗聖戰組織塔利班。

多的人都支持應該將部分伊斯蘭教法立為正式法律，但究竟其中有哪些被他們認為有價值而且適合立為成文法，就言人人殊差異很大了，而且他們對刻板印象中通姦者應該擲石處死以及偷竊者應該斬手，都覺得是受到了曲解，很少人有興趣支持將這些刑罰入法。《誰在為伊斯蘭發聲？》所呈現出來的全球穆斯林意見，打破了先前文明衝突的迷思以及對全球穆斯林的刻板印象，隨後所有對歐洲穆斯林的認真研究和西方對穆斯林觀點的調查中，也都反映了這個情況。

在考慮到歐洲的穆斯林問題時，值得謹記在心的是，穆斯林只占歐盟國家人口的四％，那些擔心穆斯林未來可能接管歐洲的恐懼應該適可而止。當然，任何適用於全球穆斯林的原則也適用於歐洲穆斯林：他們並非單一同質性的群體，而是由許多往往沒什麼共同點的人群組成，國籍不同，種族來源也不同——例如英國的穆斯林主要是南亞人，在法國的主要是北非人，在德國的則是土耳其人——對伊斯蘭教的信奉程度有別，對西方文化的態度各異，對跟他們同一個國家的非穆斯林同胞，在國事上應該同舟共濟到什麼程度也有不同的見解（而且這些穆斯林也各有各的母語）。

在最近一份「政策交流報告」中，英國五十五歲以上的穆斯林有七十一％認為，他們跟非穆斯林英國人的共同點要比跟國外的穆斯林多，這就不足為奇了。也不斷有調查報導說，在感情上穆斯林族群高度認同自身所具有的英國特性。英國第四頻道在二〇〇六年春天所做的全國民意調查明白顯示，八十二％的英國穆斯林（約占英國總人口數的二．七％）「非常強烈」（四十五％）或「一定程度上相當強烈」（三十七％）認同自己屬於英國。

政策交流報告的調查呈現出英國穆斯林族群相當可觀的世代差距，年齡在十六歲到二十四歲的英國穆斯林，對身為英國人的認同比較低，他們當中有更多人（比例有三十七％，相對於五十五歲以上的人只有十九％）想把孩子送到伊斯蘭學校，在對伊斯蘭教法的支持程度上也呈現出相似的比例差距。不可避免的是，「政策交流報告」由於觀點偏向保守，對於這些世代差距，就會怪罪於「多元文化主義」，斷言多元文化政策鼓勵了年青一代的穆斯林抱持分離意識。

但也有調查呈現出相反的陳述。開放社會研究所（二〇一〇年八月之後改稱「開放社會基金會」）針對十一個西歐城市的穆斯林進行研究，並於二〇〇九年十二月發表調查結果。其中最有趣的一項發現，跟先前「政策交流報告」對多元文化主義政策的批判非常相關，亦即英國城市中七十八％的穆斯林認同自己是英國人，但法國城市中的穆斯林只有四十九％認同自己是法國人，而德國城市的穆斯林只有二十三％認同自己是德國人。英國的多元文化政策似乎使得穆斯林實際上感覺自己更被接受，因此培養出更強烈的國家認同感。跟「政策交流報告」的結論相比，開放社會研究所發現他們在報告中所稱的「愛國主義」選項，第二代的穆斯林認同的程度也更強烈。

與英國相比，穆斯林族群對法國和德國的國家認同比較低，這樣的感受源於穆斯林族群強烈感受到國家體制和同胞並沒有接受他們，德國到一九九〇年代才開始授予穆斯林族群公民權，而法國政府則立法嚴禁穆斯林在公共場合戴頭巾，讓一般人都普遍感覺到伊斯蘭價值和法國價值之間出現某種衝突。

然而，如果專注在講英國的話，重要的是大家必須要試著去理解，對第二代和第三代的英國穆斯林來說，所謂國家認同和英國人特質究竟意味著什麼，以及在他們和他們的白種人同胞之間，就這方面而言，到底有沒有意義重大的不同之處。有一些證據顯示，相較於他們的穆斯林同胞，英國的白種人在看待自己的身分認同時，比較常談到國家文化而比較少提及公民權，儘管身為白人這個特質在他們的認同當中，也是強而有力被視為理所當然的一個要素。正如貝格利和胡珊從他們對布拉福和二〇〇一年騷亂所做的研究得到的結論：對巴基斯坦裔以及出生於伊斯蘭傳統的年輕南亞人而言，他們的英國特質比較多是表達在對於公民權的住民意識上，要跟所有其他的英國人平權是最主要的概念所在，貫穿他們整個國家歸屬與國家認同的感受。

他們對文化認同的看法很顯然是揉和了原生文化與英國文化。這些看法通常會被表達為兼具有亞洲、巴基斯坦、印度、穆斯林、英國等性質的複雜結構，成分的比重可以稍加變化，視個案情況而定，在分類上不難稍加扭曲。像「英國的亞洲人」或者「英國的穆斯林」這樣子的用語，簡而言之就是無法捕捉其中巨大的可變幅度，所以到了第二代和第三代流行稱呼他們自己是「混種人」

（hybrid），強調他們是「新種族」（new ethnicities），只有在最未加修飾的直率表達中才會去明白區分。

伊斯蘭青年激進主義

年輕人的認同之所以伊斯蘭化，一個非常普遍的解釋是用「身分認同真空」這個詞語來表達。這個情況被視為一種社會的病徵。在一九八〇和一九九〇年代，通常被用來指涉「困在兩種文化之間」的窘境，拿自己前現代的原生文化——身上還深深地烙印著像巴基斯坦那一類國家的鄉下根柢，強調父母安排逼迫子女就範的婚配，寧可信其有的宗教感受，以及諸如此類的舊社會遺風——去跟現代個人主義允許自由及多重生活方式的西方文化不斷地較量，這樣的情況尤其是深深地嵌入年輕世代的次文化當中。在這高度本質主義的早期「文化衝突」積累過程中，這些倒楣的第二代新住民，在旁人眼中承受著精神上以及文化上的分崩離析。

這個類型的詮釋當中，最近的版本也同樣假設會有文化上的衝突，但如今還宣稱病情不至於到「認同真空」那樣的分崩離析，對許多年輕一代的人來說，這個真空的危險可以用激進、基本教義、有如清教徒式的伊斯蘭填補起來，表現於外在就是婦女把頭巾給蒙上，男人則過度具有宗教熱誠，想要生活在伊斯蘭教法的約束之下，並且建立起全球性的伊斯蘭體制。

然而所謂的「身分認同真空」並不存在，至少不是以上述這種詮釋的意義存在。比較年輕的這些世代，其所作所為，再一次地，只是為了要打造出數之不盡的新認同，把宗教、階級、青年文化、音樂品味和時尚宣言，用一種令人眼花繚亂的方式融合起來。我先前所提到的那些年輕的英國穆斯林女性，雖然蒙著頭巾，但同時也可以沉浸在搖滾音樂裡，藉此表達出她們複雜難懂的叛逆，向世界呈現出她們這樣在歐洲城市中長大的年輕穆斯林，從身邊可得的文化資源中，創造出一系列內容廣泛、複雜難解、變動不居、難以預料的混合認同。

然而其中有一個不同點在於，他們更加從傳統的政治進程中解離出來，儘管這樣的解離與他們的白人年輕同胞面對傳統桎梏的態度相差無幾。許多研究介紹了英國年輕穆斯林多變又複雜的身分認同——包括轉向成癮性精神藥物的世界——讀者可以查閱菲利浦．路易斯，M．Y．阿拉木和安舒曼．曼達爾等學者的研究。路易斯所討論的是穆斯林青年求助專線與都市巡迴宣講，這些宣講在提供英國年輕穆斯林之間，就廣泛的題目進行自由開放的討論，做得特別有趣，許多在這當中貢獻心力的人，都是受過良好教育具備專業水準的穆斯林年輕女性。

不過，顯然對某些穆斯林年輕人來說，好戰鬥狠的伊斯蘭是他們對困局的回應，同時對極其少數的人而言，這種「伊斯蘭主義」過去以來一直都是武裝衝突的跳板，無論所採取的形式是在歐洲城市中的自殺炸彈行動，或是大老遠跑到阿富汗、伊拉克、車臣以及其他被視為伊斯蘭正遭受占領和攻擊的前線地帶戰鬥。

涉及其中的人數確實很少。在英國，目前據官方估計，英國穆斯林人口中被視為有涉入嚴重暴力行動風險者大約兩千人，或說不到一％。好戰伊斯蘭教的吸引力較多，但很難估算。二〇〇四年英國的外交、國協及發展事務部（通稱外交部）曾經委託研究，結論顯示，有兩類年輕穆斯林特別容易同情激進的伊斯蘭組織，甚至有時還會實際去響應對方招募：

總的來說，大多數青年極端分子分屬兩個不同的群組：一種是受過良好教育的大學生，或是具有工程或資訊科技專業技術資格的人；再不然就是幾乎什麼資格也沒有的學業受挫者，這些人通常還有犯罪背景。

這份報告同時還指出，許多作風開明、相對沒有那麼宗教取向的穆斯林家庭，父母對子女採取激進路線感到大惑不解，這種家庭的子女到了成年時期才發展出獻身於激進伊斯蘭運動者也並不罕見。其中還有少數是英國白人改宗者（當然也有零星個案是美國的白人改宗者），以及西印度群島長大的加勒比海非裔穆斯林。有些人是在監獄改信伊斯蘭並轉趨激進。這些人的轉變都跟其他青年伊斯蘭運動分子有相近的共同軌跡：在伊斯蘭當中找到一種認同，找到一種生活方式，感到如夢初醒，挑剔自己先前的生活軌跡，並視之為沉溺於用藥、酗酒和罪惡的「西方式」陷阱。這種心態特別反映在七月七日爆炸案元兇穆罕默德．希迪格．汗的傳記裡。

要了解這樣的現象，目前除了我已經評述過的「身分認同真空」與「文化精神崩潰」之外，還有兩種截然不同的方式。一方面，許多大眾媒體和政治性的詮釋，都會把涉及這類活動者的心態貼上無腦狂熱、基本教義之類的標籤，說他們決意要摧毀「我們」（西方式）的生活方式，除了標示為邪惡之外完全無法理解。這樣的描述方式是受到國家資助的意識形態和精心組織起來的各類團體所影響，套用小布希幾年前聲名狼藉的用語，是構成了一個「邪惡軸心」。對於這樣的現象，唯一恰當的反應就是展開「反恐戰爭」。

但是對於這些西方的青年穆斯林之所以會趨向於伊斯蘭激進化活動，還有另外一種完全不同的看法，源自幾位歷史學者和社會學者如奧利維爾．羅伊，馬克斯．法勒，阿拉拿．藍丁，米歇兒．微維歐卡，莎拉．葛林，加布里耶勒．馬蘭奇，沙米．朱拜達等人的研究，認為這些年輕人的行為是可以理解的反應，著眼點是在政治上而不只是出於宗教考量，當然更不是什麼病態的行為。之所以會有人質疑這些行為病態，或許跟執行自殺炸彈行動的個案生平事蹟給人的印象有關。但值得注意的是，二〇〇四年那份報告給外交部和內政部的建議自始至終都強調，真正驅策這些激進行動的因素並不是宗教，也不是個人的病態心理：報告中反而強調，英國穆斯林所承受的失業壓力是其他英國公民的三倍，他們住在最貧困的地區，所感受到的除了先天上的不利，還有周遭的歧視。報告中多次提到年輕穆斯林當中對西方的外交政策有一股怒氣，尤其是在對巴以之間（巴勒斯坦和以色列）、阿富汗和伊拉克的相關處置。

把英國和歐洲的年輕人之所以抱持伊斯蘭主義，解釋成某種政治上激進化的形式，就意味著這個現象能夠被理解為，至少有一部分，跟一九六〇年代以降發生在西歐和北美的年輕人偏向激進左翼，有其相似之處。

無論如何，差別所在是這回的激進革命左翼，並不像比他們更早些年的激進左翼那樣對年輕的激進分子有吸引力和影響力。左翼的意識形態如今被去領域化的全球「純粹伊斯蘭」所取代，這個理想不會被諸如巴基斯坦、摩洛哥和埃及那種國家版本的伊斯蘭體制，用文化融合和政治妥協的手段所汙染。把持清真寺的老一輩領袖和外國伊瑪目，對穆斯林青年面臨的困境不太了解，因此青年也變得對這些既成勢力離心離德。

網際網路的興起，對於之所以能夠創造出新的穆斯林「烏瑪」[2]——或稱之為「全球性的穆斯林社群」——當然至關重要，帶有意識形態的文字內容、佈道講詞和招募新血的錄影，如今都得以輕鬆觸及年輕人。全球網絡和「社群」的創建，讓相關的組織和行動能夠形成並且發展，這在更早以前的時代都無法想像。

英國二〇〇一年的騷亂，涉案者大多是穆斯林青年，以及其他更受激進伊斯蘭吸引的年輕人，應該也要被放在不同的脈絡當中來理解，視之為住在市中心區附近的少數族群年輕人自主發起的一連串行動與事件。一九八〇年代的時候，是加勒比海地區移來的那些非洲裔青年，為了要強烈抗議被歧視的不利處境，而跟警察展開攻防戰。到了一九九〇年代和本世紀初的前十年，鬧事者換成了穆斯林青年。再一次地，這樣的看法還是把穆斯林青年激進化，主要視之為一種政治現象，但是具有某種宗教性的基礎。

男子氣概的成分在這裡也發揮了作用。參與伊斯蘭主義運動讓奉宗教之名的革命分子意外顯得「像個硬漢」，帶著市井氣息的叛逆形象，甚至於按照梅西那樣的研究者所言，還體現出更多地方性的文化參照，形成拼貼式的印象，被視為在激進伊斯蘭主義分子的面貌之外，也是個「北方／約克夏的頑強小子」。

伊斯蘭主義的意識形態也提供了反帝國主義和反資本主義的元素，讓人想起早期馬克思主義的批判力道，進一步強化了和一九六〇年代青年的激進活動相比較時的說服力。反帝國主義的思路，來自反對西方對中東情勢橫加干預，最近則反對入侵阿富汗和伊拉克，以及對西方在以色列違反聯合國決議時，或者在譴責某些伊斯蘭國家擁有核子武器時，竟然採取雙重標準，這些都是多年來累積的怒氣。反資本主義的理由，則融合了悍然本著清教徒式的宗教熱誠對

2 烏瑪（ummah），本意為「民族」，引申為「社群」，亦指「穆斯林共同體」。

於消費主義的批判，以及對一般大眾文化裡把性活動商品化的反感，尤其憎惡把婦女商品化，那是這種新伊斯蘭主義的核心所在。就如路易斯的研究中所詳述，激進組織「伊扎布特（伊斯蘭解放黨）」曾領導禁止一家色情書店在斯多克[3]開幕的穆斯林群眾運動。在批判西方公司運用像孟加拉這樣的穆斯林國家以血汗工廠大量生產廉價流行服飾時，反帝國主義和反資本主義也連成一氣，合力對抗。

然而，正如我們先前強調的，社經地位的不利處境和伊斯蘭極端化之間，並沒有簡單又直接的關聯。研究者和政府相關行政部門都非常清楚，後來涉及激進伊斯蘭活動的不限於勞動階級的穆斯林青年，有許多出身中產階層，受過大學教育的年輕穆斯林，而且往往還具有科學、醫學或工程背景，他們也受到西方（同時也盛行於阿拉伯世界，如今甚至擴及奈及利亞）這一股極端伊斯蘭勢力所吸引。

還要注意的是，像伊扎布特那樣的激進伊斯蘭組織，對某些穆斯林女性也極具吸引力。他們也策略性地採取比較開明的立場，呼應穆斯林女性不願婚姻受人安排、期望接受高等教育、以及當然也想參與政治的渴望，因此還提供了一個抗議的管道，當有人尋求非傳統的生活方式時，可以辯稱伊斯蘭也是一個選項。

歐洲民眾及其政治代表、知識分子、記者和其他人的焦慮依然持續，他們認為伊斯蘭和自由主義的民主制度水火不容，如果要融入西方的政治運作和國家的民主機制，在信仰、生活型態、特別是穆斯林的政治取向上都需要全盤改變，改變幅度遠大於其他少數族群和少數宗教群體。而且，一般認為穆斯林之所以會跟主流體制和自由信念分道揚鑣、甚至背道而馳，允許並鼓勵這種發展的多元文化主義當然要被究責。

對歐洲穆斯林的這種不放心，到底應該被認真看待到什麼程度？

3 斯多克城（Stoke on Trent）：英格蘭西密德蘭區（West Midlands）區的二級行政區。

歐洲的穆斯林，世俗主義，和民主制度

如我們所見，激進伊斯蘭只吸引了極少數的歐洲穆斯林和全球穆斯林。但是，穆斯林要融入歐洲社會是否還有什麼特殊問題？許多人肯定回答的一個理由是，穆斯林似乎就是不肯把公領域和私領域嚴格劃分開來，而這一點是現代西方世俗主義的核心理念。對一個在其他方面文化上都保持中立的形勢及公眾領域，穆斯林顯然是一直在要求得到特殊的文化肯認以及特殊的群體權利。儘管細看之下，這種情況和相關問題的規模似乎被過分誇大了。舉例而言，穆斯林在學校團膳中要求供應清真認證的肉品或在工作場合穿戴頭巾，一直有人認為這是要求特殊待遇。議論者認為這些要求違背了文化上應維持中立、公共領域應力求普遍、只有私人領域才容許較多文化特性的分際。不過當然，就在女性與同志的平權運動都成功地在社會上引起討論的同時，公眾領域只是看起來中立，事實上還是瀰漫著男性的異性戀規範，牢不可破。

從歷史上來看，在自由化的民主社會中，把西方式的「個人」概念當作公

眾生活的基礎，這其中偷渡了「男性作為個人特質的原型」這個先決設定。例如，這個「個人」就似乎從來都不會被懷孕、授乳、兒托這些特殊條件所累，而且異性戀的相關準則一直以來都是社會規範，原先在公眾生活上接受同性夥伴的原則，就從文化面產生了巨大的轉變，接受了同性戀的關係。類似的情況，這個「個人」在涉及諸如宗教信仰的法定假期，或者學校裡的飲食限制，或者工作場合中祈禱的設施與時間等事項時，也始終是以基督徒（比較不是屬於清教徒的那一種）的準則作為模範。當穆斯林要求歐洲國家承認其為法定信仰的權利時，只不過是訴諸與猶太教、天主教和基督新教等量齊觀的平等原則。這點如今已在歐洲獲得承認，在法國、德國、荷蘭和歐洲其他地方，伊斯蘭都享有法定地位。

與此相似的是，要求設立穆斯林信仰學校並不算是特殊待遇，而是一視同仁地享有和猶太教、天主教、英國國教以及其他信仰者平等的自由。證據顯示，大多數在法國和英國設立的穆斯林信仰學校都符合嚴格的國家課程規定，並設法達到優良的學術標準。同樣有趣的是，約翰．波文針對法國境內宗教學校所做的研究，具體呈現出穆斯林學校灌輸了容忍、友愛、守法的良好公民規範，使得這些學術機構成為積極促進穆斯林融合的正面工具，而非助長穆斯林與主流的疏離分化。然而，「蘭尼米德信託」針對英國境內所有宗教學校的研究發現，矢志參與社群凝聚力的責任心不足，和其他信仰的認真對話也很少；這並不是特殊的「穆斯林問題」，而是所有的宗教學校都有的問題。目前歐洲各地，即使是法國，並沒有在研議要廢除宗教學校，但這類學校都需要加強規範管理，以確保校內的信仰課程更廣泛，並灌輸學生對自由民主制度公民職責的承擔。

二〇〇〇年，基督教團體試圖查禁梅爾・吉勃遜的電影《受難記：最後的激情》，突顯出所謂基本教義派的虔誠信仰團體與容許藝術表達自由的社會慣例之間那種緊張關係，並非僅限於穆斯林。然而很明顯的是，歐洲穆斯林中的某些宗派無法接受以批判性的藝術形式呈現穆斯林或伊斯蘭，這樣的藝術表達可能引發不滿並導致強烈的暴力反擊——甚至到達蓄意殺人的程度，荷蘭電影導演西奧・梵高的命案就是一例。另一方面，丹麥漫畫事件也清楚表明，某些歐洲知識分子無端挑釁，以製造大眾對穆斯林威脅言論自由的恐懼。以丹麥漫畫描繪穆罕默德的事件為例，值得指出的是，《日德蘭郵報》二〇〇六年刊登了帶有貶意的穆罕默德漫畫，但在二〇〇三年版面主編卻因為不願意冒犯基督徒而拒絕刊登有關於耶穌的漫畫。二〇〇五年十月，一個法國法庭命令移除一款被認為以令人反感的手法描繪「最後的晚餐」的海報。歐洲許多區域似乎存在雙重標準，願意維護基督徒的感受，卻不顧穆斯林的感受。

這裡還有個更廣泛的問題。現代歐洲民族國家反映了圍繞著信仰和少數民族展現出不同程度的妥協，這些妥協是由結束歐洲災難性的宗教戰爭之《西發里亞條約》[4]（一六四八年）演變而來。歐洲穆斯林族群人口不斷增長，有些

4 一六一八年，神聖羅馬帝國內的波希米亞和奧地利，為反對哈布斯堡家族專制統治和強制推行天主教，演變成一場持續三十年的大規模歐洲戰爭，最後新教勢力（瑞典、丹麥、荷蘭和神聖羅馬帝國各邦）及其盟友法國（信仰天主教但反對哈布斯堡）獲勝，於一六四八年與哈布斯堡家族簽訂了《西發里亞條約》，神聖羅馬帝國名存實亡。《西發里亞條約》是以外交會議訂立和約的先例，也標誌了主權國家平等共存的概念，形成新的政治系統，也奠定國際法和世紀秩序的原則。

妥協又正在逐漸解體，所以特別在宗教領域，某些被視為埋藏已久的縫隙，在不可逆轉的世俗主義浪潮衝擊之下再度裂開。西方民主國家顯然正處於過渡階段，需要做出新的適應調節，而事實上這樣的適應調節也正在逐漸發展當中。

值得注意的是，在更世俗和自由的國家文化的新背景下，應該如何詮釋伊斯蘭律令，歐洲穆斯林之間正進行激烈的辯論。民主、性別平等、公私領域的分際、借款應否孳生利息（嚴格的伊斯蘭禁止將本求利）、宗教慣例下能不能有更大的個人自由，諸如此類的爭論，如今正被創造性地重新思考，並在滿足伊斯蘭準則之時，以符合新世代在恪守性別平等和其他自由價值的生活中，還能做個「好穆斯林」。

即使在法國，二〇〇六年的一項調查發現，七十四%的法國人認為，身為一個虔誠的穆斯林和在現代社會生活並沒有矛盾，法國穆斯林還更能強調他們的國家認同高於宗教認同（跟美國的基督徒一樣），而他們也比其他歐洲穆斯林都更著重於國家認同。

結　論
繼續向前：全球化新時代的多元文化主義、跨文化主義和跨國主義

多元文化主義失敗了嗎？

歐洲的民族國家顯然已經決定，多元文化主義的時代結束了。如今在政府、知識分子和這些國家的多數人眼中，因應一九四五年二戰結束後從前殖民地引進非白人移民的過程，多元文化主義就算不是失敗透頂，至少也是嚴重的方向錯誤。

但整個事情經過真的是這樣嗎？在本書中，我提出一些理由來質疑上述說法是否真像一開始那樣有說服力。仔細檢視我提供的論據會發現，認為整個多

元文化主義時代是嚴重錯誤走向的觀點站不住腳。即使多元文化主義顯露一些缺陷，但不必然推導出「多元文化主義是一場災難甚或嚴重錯誤」的結論。其為問題只到某個程度，因為正好趕上新近的「戰後」少數民族定居於這些國家，以及我在引言中稱之為「三重變遷」的現象——西歐民族國家內部鬆解，後工業社會出現，和福利國家重組——這些移民和因應他們而發展出的多元文化政策，常常被怪罪為造成國家文化碎片化，國家認同產生改變，都市內部失業住房短缺，教育、健康以及其他公共服務的供給壓力等等問題的罪魁禍首。但這些問題其實是「三重變遷」帶來巨大轉變的結果；三重變遷和更新穎、更快速的全球化交織起來，再加上如「歐盟」那樣越來越重要的跨國體系架構，才是關鍵所在。

少數族群對國家文化與國家認同所產生的疏離程度，在像德國這樣的國家裡，遠較其他地區為高。德國境內運行著一套「客工」體制，對於要把外來勞工的文化差異整合到國族敘述當中，來自官方的阻力很大。而法國，如我們先前所理解，已經成功地把共和國公民應該具備的價值觀灌輸給少數族群，但官方對這些少數族群還是缺乏認真承認的態度，包括在力求族群機會均等的政策上，從本質上就顯得三心二意，造成少數族群以公民權為名表達出強烈的忿忿不平。而官方對頭巾之類身分符號的抵制，使得大量穆斯林退縮到較為死硬的伊斯蘭認同當中。弔詭的是，這樣的退縮在年輕的穆斯林女性當中特別明顯。

在不同族群之間造成離心離德的不滿情緒，究其因素是不平等的程度以及階級之間的差異加劇，而非多元文化主義的政策所致。雖然在英國隨著不同地區開發的招標過程，以及當局都市建設計畫的資金挹注在基於信仰的社區項目，再加上住房短缺與誤導地方的媒體報導，讓族群之間更添嫌隙，壁壘分明。

一九四五年後遷到西歐國家的移民，當初是投入像製造和紡織等產業工作，這些行業如今都嚴重衰退。所在地區的失業與貧窮問題急遽上升。少數族群因為失業程度和貧窮程度上升地更快也更高，實際上承受了經濟崩潰的強烈衝擊。在法國都會郊區和英格蘭北部的城鎮，穆斯林青年的失業率通常是多數族群青年的兩倍或三倍。而且他們所住的社區也以令人擔憂的速度淪入貧困之境。

常有人爭論說，多元文化主義的一個主要問題是無法改善少數族裔社經地位的不利處境和歧視，這反映在他們的低教育成就和高失業率上。然而少數族裔，尤其是其中的年輕人，之所以高失業的主因，是他們的父祖輩當初移民過來在都會中心所從事的舊型產業，這些年都已經崩潰。我在第三章用相當篇幅討論過的二〇〇一年報告，詳細描繪了英國北部城市去工業化之後的荒廢，這些情況特別對少數族群青年產生衝擊。請各位讀者回想一下那份報告——再加上其他多項研究——都有指出發生在公部門和私部門的種族歧視，對於少數族群在就業和住房問題上所遇到的情況，可說是重要的助長因素。

少數族裔青年失業率高和普遍貧窮的情況，是西歐國家的共同點。但其中還是有些差異，而且這些不同無法歸因於採用多元文化政策。如同政治學家藍道・漢生等人指出的，英國、德國和奧地利在少數族群的失業問題上，表現得比荷蘭和瑞典要好一些。我們知道，英國、荷蘭和瑞典都比較大規模地採納了多元文化主義。而沒有採納多元文化主義的法國，無從形成強有力的機會平等政策，根據許多研究，這個結果導致少數族裔青年的失業率居高不下，而且官方對這些少數族群和攸關其命運的統計數據始終抱持敵意。某些國家，特別是在英國，在公私部門都採取了更有效的措施力抗歧視，並促進機會平等，在少數族群的失業問題上，看起來表現得比歐洲其他地方好。在英國，來自印度和中國背景的學生，在學業成績和大學錄取率方面甚至超越白人，但其中很重要的原因是，他們原本的社會階層和經歷就已經比同儕來得高。

來自東歐尋求庇護者、難民和新移民，以及所謂的「超級多樣性」浮現後，似乎對某些地區的住房、學校和醫療衛生服務都造成了特別的壓力，這給了極右派煽動群眾反移民情緒的機會。在英國，越來越多人承認對移民的救濟和受到的壓力分布不均，有些勞動階層的地區和社群，稀缺的工作機會和公共資源的競爭越來越劇烈，反觀救濟資源只有雇主和中產階級的家庭分配到，他們甚至還能用更便宜的費用翻修房舍，並雇用清潔工及其他家庭幫傭。多元文化主義跟這些情況幾乎沒多大關係，不過在某些案例中，地方當局對他們的職責缺乏準備，中央政府的某些部門卻試圖粉飾太平，不解決問題，只是一味誇稱他們造就了「文化多樣性」。但這只是一種事後諸葛的多元文化主義，實際上並非問題的根源。一個基本的要求是要提供更多的資源，儘管在這個不斷縮減開支的新時代有點不太可能做到，使得大家都對此抱持悲觀。

如果不能說多元文化主義是已經失敗了——確實就某些情況而言，根本還沒有全心全意地投入過——那究竟還有沒有必要繼續推動下去呢？我認為現在有必要嘗試一條稍微不同的路徑，我將以此作為結論詳述。

不過，自由主義和多元文化主義之間的關係還有一些問題。尤其是言論自由和藝術表達自由的問題，目前也沒有明確的解決方案。即使是支持多元文化主義的人，內心也有重大疑慮，源自於他們各自相信某種不見得相同的「文化相對主義」，在實踐上想要完全尊重不同文化的結果，導致以「政治正確」為名進行沒完沒了、令人窒息的爭論。

魯西迪事件，荷蘭電影製片人西奧．梵高遇害，丹麥喧騰一時的穆罕默德漫畫事件，以及描寫錫克教徒做禮拜的謁師所活動的劇作被撤演事件，都是這些辯論最著名的幾個引爆點。這點或許有待商榷，但魯西迪跟支持者面對穆斯林最初的反應過於傲慢，西奧．梵高的影片和丹麥漫畫則是無謂挑釁，在對基督徒感受比較受保護的雙重標準運作之下，其冒犯的情節都被認為並沒有那麼嚴重。

雖然如此，從我和許多其他贊同多元文化主義核心原則的人看來，少數族群對信仰問題往往容不得任意批評，也難以公開討論，這一點是真正的問題所在，而且如果這些有信仰的社群，要跟比較世俗、更自由開明的文化環境融洽相處的話，這一點也必須改變。也有待商榷的是，少數族群內部對這些問題太少辯論；這個主題需要也值得認真對待，並且在社群現有的各種場合上認真關注，廣泛討論。這是多元文化主義需要繼續推動的一個理由；而繼續推動的範圍也需要把這個層面包括進去。

然而，要求英美學校必須在課程中教授「創造論」和「智慧設計論」所取得的進展顯示，環繞著世俗主義、自由、信仰以及宗教場所（這裡的宗教信仰不只是穆斯林）、其他少數族群，以及多元文化主義，還有一些棘手的爭論有待解決。各種證據顯示宗教學校還是會繼續存在並欣欣向榮；只能希望對這些學校有嚴格的規範，確保從中促進不同信仰間真正的對話，並以積極的方式在虔誠信仰與其他領域之間，找出促成自由開明、多元價值、不受宗教所限的和解之道。

多元文化主義是退據一隅還是真正死亡？

美國雖然經歷了幾十年的「文化戰爭」，如今多元文化主義的一般原則似乎已經牢牢嵌入社會，尤其是在教育體系和國家論述中。正如族群關係研究領域知名的保守派學者格雷澤，他在《如今我們全都是多元文化主義者了》一書中開宗明義就說：

我的意思是，在學校裡的美國歷史、社會研究和文學課中，我們已經更大程度地接受了關注少數族裔和女性角色這件事。那些少數人想把美國教育帶回到忽視各種次文化、把美國描繪為文明巔峰和最終產物的那個時代，如今已經無法指望還能在學校裡推動那樣的觀念。

值得牢記在心的是，在英國和西歐其他地區，並非所有媒體上的公共辯論都是由那些希望埋葬多元文化主義的人主導。原先被認為似乎不太可能會支持多元文化主義的各方人士居然伸出援手。英國首屈一指的中間偏右派出版品《經濟學人》就是其中之一，二〇〇七年他們斷然拒絕把它所稱的「多元文化主義」當成同樣貶義詞語的趨勢，就跟「新保守主義」或「社會主義者」一樣。

有些攻擊習慣性瞄準「強迫婚姻」和「名譽殺人」這種易如反掌的目標，那篇文章的執筆者白芝浩對此嗤之以鼻，他主張雖然在住房和教育政策的範圍內，有人把少數族群之間實施有限的隔離部分歸因於多元文化主義，並認為是問題癥結之所在，但在當時的情況下，強迫這些族群混居的結果可能會適得其反。白芝浩還認為，相較於其他西歐國家，少數族群在總人口數的占比成功提升，以及英國少數族群的融合程度，同樣也顯示出英國採取多元文化主義政策是利大於弊。同一篇文章還說，那些心生不滿的穆斯林青年小團體之所以會出現，是由於代際間的衝突以及去工業化地區的高失業率和貧困而出現；這些趨勢走向都跟多元文化主義關係不大。而英國有相對較高比例的黑白通婚，也顯示了英國比其他的國家，尤其是美國，族群之間的隔閡沒那麼深。

為英國新工黨規畫「第三條路」的首要智囊之一安東尼・紀登斯也表達出類似的論點。有別於新工黨的政治人物，他在二〇〇六年站出來支持多元文化主義。他認為，其他先不談，大部分有關於多元文化主義的爭論都流於「粗魯、無知與誤解」，和丹麥、比利時、法國和荷蘭等歐洲國家相比，英國極右派的失敗佐證了英國在處理文化多樣性方面是最成功的歐盟國家。紀登斯呼應二〇〇一年的報告，雖然並沒有提及，但呼籲要「更加採用多元文化主義，而非減少」。正如我所指出的，他還呼應了荷蘭和法國許多具有真知灼見的評論意見。

除此之外，在多元文化主義的時代，自由派的政府官方雖然儘可能地與之保持距離，卻對此政策有超乎預期的堅持，雖然公民資格測驗還是不可避免。

韋托威克和魏森朵夫正確指出，這種保持距離很大程度上都只是修辭罷了，口頭上不再運用多元文化主義的語言，取而代之的是支持「多樣性」。大量多元文化主義的原始架構和大部分政策內容仍牢牢留在原位。著眼於機會平等的政策沒有撤銷，也沒有試圖削弱現有的反歧視立法。文化上的肯認仍然有爭議，法國頭巾禁令和瑞士抗拒興建清真寺都是特別引人注目的實例，但可以說這些事例並沒有比先前更多，而且仍然僅限於原先對多元文化主義比較冷淡的國家。雖然許多人心存憂慮，但並沒有發生直接或大規模湧向同化主義的情況。文化上主張多元和差異性的精神特質仍然受到公開宣揚，儘管融合主義形式的限制更加嚴格。但融合的措施相對比較溫和，正如藍道．漢生所言，要求公民必須學習本國語言，不能被視為是對多元文化主義的威脅，同理也可適用在學習國家文化的基本常識上（至於何者確切屬於這些基本常識在此暫且不論）。

韋托威克和魏森朵夫論文集中的文章展現出，包括哥本哈根、斯圖加特、維也納、蘇黎世以及都柏林等歐洲城市，都在他們的政策及其實施的過程中嵌入了容納多樣性的原則。多元文化主義存活下來，但是對於女陰切割或強迫婚姻這類陋習則不被允許，這一點在二〇〇〇年英國的多族裔委員會的報告（即一般熟知的《帕雷克報告》）中也清楚可見。

但如果因此就相信那類「反對多元文化主義的說法」並未產生效果，尤其是在跨族群關係上，那就誤解了真實情況。此外，英國保守黨—自由民主黨聯盟的政府顯示出多元文化主義未來可能會有的危險，有鑒於保守黨政府成員已表示希望把學校課程重塑成更偏國家主義的方向，他們對大英帝國的過往榮光持正面評價，也撤除《歐洲人權公約》當中有關「人權」的條例，用一個比較沒有那麼強烈的英國式權利法案來代替。先前工黨政府促進社群凝聚力的倡議和資金也不太可能繼續，尤其是面對新政府大幅刪減公共支出計畫的預算。

無論如何，儘管對非歐盟移民採取了更嚴格的管控，一般來說英國還是繼續致力於維持「多樣性」，不過這個溫和的概念容許各種不同的理解方式。在跨族群與跨信仰的意見徵詢，以及常規性提供少數族群機會平等這些方面，過去已經確立起來的形式還可能會繼續下去，只不過在官方論述中，未來會越來越少提及多元文化主義。在撰寫本書的此刻，還不清楚這個政黨聯盟口中所稱的支持「大社會」，究竟對跨族群的關係意味著什麼。

邁向跨文化主義

很清楚的是，儘管許多人出言示警，但歐洲各地在政策和意識形態上都有所轉變。並非所有的轉變都是偏離多元文化主義；有時候是超越多元文化主義，轉變成可以稱之為「跨文化主義」（interculturalism）的形式；這個詞語在好幾個國家的官方論述中已經正式出現，尤其在德國特別普遍。

歐盟二〇〇四年提出「移民融合的共同基本原則」，其中第七條原則：「移民與成員國公民之間的頻繁互動是融合的基本機制」，聲明中也提到「共享論壇、跨文化對話、關於移民與移民文化的教育」等等，這些標誌著跨文化主義所強調著重的超越了多元文化主義。

這裡的重點是，與其自滿於維持多樣性與不同文化，作為某種古典多元文化主義的形式，這裡所涉及的是積極鼓勵不同族群與不同信仰團體之間的接觸，構建起彼此之間的對話和共同活動。這當然也是英國社群凝聚力政策背後的想法。英國政府甚至還曾建議地方議會不應該資助各種「單一社群計畫」，而是將資源集中到把這些社群聚合到一塊的計畫，不過這項提議因要求過於嚴格而未獲採納。取而代之的是，人們承認像這樣的資助決定權應該留在地方層次，尤其是在把社群整合進主流文化以及社群之間的參與度上，某些單一社群組織扮演著不可或缺的角色。

當然，這不應該被視為暗示著跨文化對話並非原先多元文化主義就其原理與實踐當中的一部分。但如今人們明確承認，多元文化主義這個概念太過容易屈從於對族群文化的某一種詮釋而畫地自限，把某些成分視為必要不可少，缺乏了相當基本的內部反對意見。換言之，多元文化主義太過傾向於本質主義，儘管也並不必然僅限於此。多元文化主義中這個所謂的「多元」，讓人很容易放縱想像，誤以為不同民族文化與國家文化之間有嚴格固定的界線。反觀使用跨文化主義這個概念所能夠達到的效果，是減緩這種本質上的傾向——光是換一個字首並沒有辦法完全避免這樣的誤會——在這個概念中嵌入一點不同（但並非全然不同）族群之間的信仰習慣和生活方式有所關聯相互影響和彼此交織的語感，各自都在變動不居的國家文化裡有一席之地，這樣無窮無盡的變動不居，是由工藝上、經濟上、政治上和文化上廣泛的因素所造成（最近這些年最值得注意的兩項因素則是網際網路與加速推進中的全球化）。就這個方面而言，我所提議的，跟霍林杰建議美國應該如何採取一種「後族群」（post-ethnic）的視角，以此超越多元文化主義的看法，有某些相同之處。

「跨文化主義」同時也避免了多元文化主義無意間助長的傾向，就是把所有非西方的文化都視為與西方文化和理想鮮少相同之處，而且認為這些文化在發展過程中跟西方完全隔絕開來。相比之下，任何形式的跨文化主義的核心，都是清清楚楚承認了這些文化在全球範圍內，即使在不同的地緣文化空間中獨立發展，還是有共同的價值觀，自古皆然而於今為烈。

即使是在多元文化主義的敘述中，西方與非西方之間深刻的歷史聯繫往往被淹沒，反而最終讓位於杭亭頓所謂的「文明衝突」——世界秩序是由文明衝突所產生，而且至今仍然依循其定義——如此荒謬的概念躍居主流。

這種「西方與其他地區」之間的嚴格分野，所依靠的是被誤導的歷史，在歐洲帝國主義擴張、殖民全球大部分地區後的史觀中，假設西方具有獨立於其他非西方文化而發展出的特徵，是西方對世界文明的核心貢獻，並確實是其「文明使命」的一部分。這種（如今由美國所帶領的）西方崛起（而且理所當然宰制全球）的敘述，聲稱民主、寬容、自由、法治、平等主義、人權概念、個人主義、科學理性、人文主義，甚至城鎮、大學、以及浪漫愛情的觀念，這些都是西方獨有的。對這些西方獨特文化的出現也爭論不休，有認為是從古希臘與羅馬（古典時期），歷經基督教（尤其是宗教改革後的新教）、歐洲文藝復興和啟蒙運動、科學革命與工業革命，以及現代西方的民主運動一脈相傳。另一方面，包括伊斯蘭在內的所謂的「東方」，被視為本質上是專制的，特別是基於遠東地區的儒家思想，印度次大陸上僵化的種姓制度，以及伊斯蘭世界對世俗主義、人文主義和科學探索的反對。

對照較不以歐洲為中心的記載，如此狂妄自大的歷史基礎就完全信譽破產了。為了眼前的目的，我將從劍橋傑出的人類學家暨比較歷史學家傑克・古迪、以及諾貝爾經濟學獎得主阿馬蒂亞・沈恩的著作中得來幾點意見。除了這兩位，還有許多其他認真的學者，也都為這有時被稱之為「西方去中心化」的工作做出貢獻。

首先讓我們談談對宗教和神性的人文主義懷疑論。在印度，西元前六世紀盛行「無神論」學派，當時還出現了不可知論的佛教，之後千里迢迢傳播到中國、遠東以及東南亞。其他重要的印度文本，如《羅摩衍那》和《奧義書》，也都包含了對宗教、神性與來世觀點的懷疑，這些見解的影響力仍留在印度思想傳統裡。

寬容也不是西方獨有的概念。早在西元前三世紀，古印度統治者阿育王就已清楚表達了深思熟慮的寬容理念。伊斯蘭世界也有著名的古代聖哲對此大加提倡並身體力行。十六世紀蒙兀兒帝國的皇帝阿克巴接受且鼓勵信仰自由等人權，反對強迫異教徒改宗。穆斯林的鄂圖曼帝國在宗教寬容上是特別著名的榜樣，實行了米利特[1]制度，允許異教社群可以在他們自己的教法下自治生存。

1　原指鄂圖曼帝國內的宗教團體，近似地方自治的概念，但是依宗教信仰而非族群區分為不同的米利特，並受其約束。米利特制度的起源與伊斯蘭法規對待非穆斯林的規定密切相關，鄂圖曼帝國裡特指專為少數族群自治而設的法庭。十九世紀受到民族主義衝擊，並將之用到宗教上，但

中世紀伊斯蘭統治西班牙的所謂「黃金時代」裡，基督徒、猶太教徒和穆斯林和睦相處，並肩繁榮。

如今被視為西方概念的自由，是啟蒙運動之後才發展出來的。亞里斯多德關於上層階級（不包括奴隸、女性和其他一些人）的自由概念，在亞洲許多地方也有，包括支持種姓制度的社會也保障婆羅門的自由，而中國的達官貴人也受到保障。而在傳統的非洲社會裡，即使他們的語言裡沒有跟「自由」相應的詞彙，但也明顯具有誰是奴隸、誰從屬於別人，以及誰又具有更大的自主權之類的意識。中國和其他文化的威權主義被過度誇大了，部分原因是誤解儒家文化不同分支的複雜性，也忽略了更平等的佛教文化的影響。

把法治和財產權形容為西方人的發明違反了許多人類歷史的紀錄，除非這些觀念僅限於口頭存在、而且其他農業社會都自外於全球歷史的情況下才可能說得通，如同無數人類學家與歷史學家所指出來的那樣。

希臘人或許發明了「民主」這個詞，但肯定並沒有付諸實行。古迪指出：「想要以某種形式代為發言，想要自己的聲音被聽見，這是人類處境固有的狀態」，並且印證了一連串非洲和其他地方的文化，這些文化享受著不被首領和中央集權所拘束的自由。他還評論，從歷史上看，即使是最專制的政府也需要考量民眾的情緒和需求。美索不達米亞的城邦和古希臘非常相似。而在歐洲，民主也要到十九世紀才明確地獲得正面評價。

認為只有西方才是所有這些政治上進步思想的獨特來源，會相信這種想法的人，是過度簡化解讀各種西方的現代制度和選擇性地詮釋歐洲古典時代以降的歷史，而且無視於西方與非西方社會在民主和其他進步發展關係的相似性。

把西方與其他國家不分青紅皂白區分開來，也是靠著忽視文化之間根本的關聯性，以及西方在發展過程中借鏡於非西方文化的程度。

最起碼，現在很清楚的是，印度、阿拉伯、中國和波斯的古代學者，在數學、哲學、邏輯、天文、醫藥和其他領域的發現，對後來西方科學的蓬勃發展至關重要。而當歐洲陷入所謂的黑暗時代，中國和印度的科學和製造業正繁

迄今在伊朗、敍利亞、約旦、黎巴嫩、以色列等中東地區仍有不同程度的應用與影響。

榮，還有農業和城市設計，生活水準遠遠領先於當時的西方。無怪乎即使是到了十八世紀的歐洲啟蒙運動時，中國、土耳其和印度的文化與生活方式都還廣受稱道，遠勝於當時西方的表現。我們現在也知道，啟蒙時代之前的歐洲文藝復興，在許多方面都有賴於伊斯蘭社會中的學者，保留並翻譯了古希臘的哲學與科學典籍，歐洲自己的學術才得以從這個基礎上建立起來。如果沒有跟其他文化與地區之間產生交流，尤其是跟古埃及文化，並且借用他們既有的成果，西方的古典時代也無從誕生。無論馬丁．柏納爾那本廣受討論的《黑色雅典娜》受到何種批評，書中特別強調希臘文化受惠於埃及云云，仍然是無可質疑的觀點。把古典希臘文化的繁榮簡單視為單純由內部發展而成，那是大錯特錯的！古希臘文化絕非獨立一隅的「歐洲」現象。

「理性」（rationality）常常被認為是西方的專利，但其實是各文化共有、全球性的人類成就，歷史上有很長一段時期西方長期落後於其他文化，古迪寫了一本書強而有力表達這個觀點，而且很適切地把那本書命名為：《西方裡的東方》。

古迪從其他歷史學者豐富的研究中取材，提出令人信服的主張，並非東方就是專制獨裁，而西方就是權力分散、崇尚個人主義，從而導致所謂工業文明的「歐洲奇蹟」。從歷史上來看，比較言之成理的是「歐亞混血的奇蹟」，是共同經歷青銅時代遺產的社會，但其中一個並非完全獨特的西方、通過軍事和航海技術取得部分優勢。西方從世界其他地區借用了許多技術、科學和文化的成果，一躍而居於主導地位，宰制了幾個世紀以來在經濟與技術都更加先進的地區，沿用了像婚姻制度和道德規範等許多曾經讓東方在貿易和製造方面繁榮興旺的社會特徵。那個時代也即將結束，幾個東方經濟體如今隱然有後來居上之勢，而且主導與居於優勢的模式再度轉移到東方，就像當年東風也曾西漸。

西方帝國在十八、十九到二十世紀初的擴張與殖民，對印度和中東的阿拉伯國家都產生了深遠的影響，創造了非凡的混合文化。於是西方的語言、文學、統治形式和新式大學的制度機構聯合起來，在這些被殖民的國家裡，創造出不僅能在西方的戰爭中戰鬥的社會，最終還能起而對抗西方的殖民統治，然後在接下來的年代裡提供廉價勞動力，為二戰後西歐國家的經濟做出極其重要的貢獻。

來自這些前殖民地的人口在先前與西方的互動當中，已經被牢牢貼上標籤，無論政府或民眾視之為缺乏文明的「黑暗陌生人」。在白種西方人的揣度中，「他們」是「有色人種」，來到了跟他們原先完全不一樣的文化裡，而這裡普遍開明而且具有自由民主的價值與制度。

這個西方身分的形成，創造了一種獨特的文明特徵，跟全然不同的非西方世界站在對立面。但如今這樣的西方身分意識已被徹底解構，尤其是在「後殖民研究」的領域中。無論如何，請注意這個如今蔚為顯學的研究領域有其獨特的洞察力。這一股思潮強調了歐洲民族國家形成過程中，如何深受他們的殖民和帝國主義計畫的影響。傅柯著名的「治理術」，也就是有系統形式的人口治理——使用特別蒐集的資訊，假手於稱職的專家，甚至更詳細的監管措施（包括英國在印度率先採用了指紋辨識技術）——諸如此類的手段乃起源於治理殖民地而發展出來的方法。系統性的大眾教育和菁英教育的需求，以提供訓練有素的勞力和公務人員幹部，也都跟殖民時代的統治經驗相關。在英國，甚至將英國文學和「文明」作為一種教育形式，一開始也都是先在印度試行，然後才把這套教育技術引進英國本土。

換句話說，歐洲各國的形成並非與殖民地無關，然後把國內的制度移植運用在殖民地社會；歐洲民族國家的形成，反而是大量受到原先為治理殖民地而發展出來的制度所影響。

現在迫切需要把多元文化主義的詞彙轉變為「跨文化主義」的詞彙，連帶地也要轉向強調文化之間深刻的歷史關聯，以及理解到諸如寬容、自由、理性等這些概念是如何跨「文明」而共享共有的，尤其是非西方文化如何為這些思想及其相應制度的發展過程做出不可磨滅的貢獻。現代性並不是西方特有的現象，而是歐亞文化共同的成就。

二十一世紀歐洲民族國家努力想要發展出更適當的精神與制度以維持其「超級多樣性」，就此而言，把非西方移民視為沖淡西方獨特生活方式的前現代拖累者乃是主要障礙。為了要達致跨文化主義的新精神而展開的對話，其核心所需要的不只是一味強調所謂尊重「其他文化」，而是要去了解各個文化之間有了多少共同點，而這些共通性如何為發展彼此的相互了解奠定基礎。

這麼做並不是要把歐洲民族國家文化上大異其趣的不同族群之間，在自由、權利、性、公民行為與責任的想像與實踐，仍然存在差異的程度刻意輕描淡寫。一旦承認歷史相互關聯，且為各個文化共有共享，亦即所謂獨特的西方形式，其實是非西方世界與西方聯手創造出來的成就，包括多數族群在內的所有社群，過去對權利、自由、性和公民行為等應該如何適當詮釋，彼此看法分歧（想想看在不同的族群信仰之間，對於墮胎、同性戀、女性牧師這些爭端是如何地各有保留），可是新世代的非西方移民正迅速發展出各式新型的混種文化，把他們父母輩和「歐洲基督徒」原本不同的觀念融為一體，對「其他的」文化和「我們的」文化預存分別心的態度，在這股趨勢下看起來日漸不合時宜。

我們如今身處一個「跨國主義」不斷擴張的年代，移民和他們的後代以及他們所謂的「祖國」之間的關聯變得越來越複雜，在許多情況之下還變得越來越密切，電話費用和機票都越來越便宜，再加上網際網路，這種聯繫正在加強。隨著全球化加劇，國家認同和少數族群的身分意識也一直在改變，多重身分認同的情況激增，如今已經廣為正式文件記載。這與一種新的「世界主義」有關，使得許多少數族群的成員和主流多數族裔，都越來越擅長在文化、生活方式和語言之間切換。這樣的過程無可避免地會取決於階層、收入、性別和年齡等因素，而呈現參差不平的情況。然而即使如此，越來越明顯的是，原先以民族國家為中心的觀點，需要被與全球密切關聯這種模式更加合拍的思維取代。

在這個跨國、四海一家的新階段，在國境之內一個真正具有對話意義的跨文化主義不僅更加重要，也更有可能。帕雷克在《重新思考多元文化主義》中，著手構築對話式多元文化主義哲學的初始平台；而在他更晚近的《新身分政治學》（二〇〇八）中，他更恰當的發展這個平台，更加肯認相互關聯的歷史、新的離散，及其混合多重身分的認同，以及在民族國家人民意識裡的新的世界主義。

族群融合和社群凝聚力這樣的概念未來的命運又將如何呢？「融合」因為沒有辦法明確指出到底應該要融合成什麼而受人詬病，除了諸如自由、寬容等最廣泛意義的西方價值觀（但實際上也始終爭辯不休，難以確定），尤其是與具體政策和公民行為有關的內容更是如此。融合和社群凝聚力似乎都假定了不切實際的停滯和共識，如同塔利、阿敏等學者指出的，僅有的共識不利於健康有活力的討論多元化和民主文化。當然，儘管針對爭議問題討論交鋒的過程中，還是有相對穩定的規則和解決方案，但這些規則和解答都還是合理的，而且必須對合理的挑戰保持開放。其目標在於創造出族群及其他社群之間的協調，同時也希望能夠創造出「我們的一體共感」（sense of 'we-ness'），以取代「我們」和「他們」彼此壁壘分明的情緒。

先天環境資源就稀缺，又面臨既成的文化敵意，要找到資金投注在休閒體育和其他大眾能共享的設施，提供住房，找地點蓋清真寺、廟宇和猶太會堂，就會變成衝突的所在，如果要建設性地處理這樣的衝突，事先在適當的論壇中建立起信任、調解和妥協的關係，才是唯一的解決之道。我引用了如萊斯特等幾個城市的舉措，都可見為此鋪路的努力。

事實上，由於實際現存的相互關聯和跨文化主義的影響，人們可以就普遍的價值觀（如寬容、文化多樣性、個體權利等）達成廣泛的共識，這使得要找到大家都可接受的折衷方案，變得稍微簡單一些。不同的文化群體在價值與意義上完全不可共量的可能性更小。然而，跨文化主義並不要求每個公民都贊同國家歷史的相同敘述——確實，所有國家對自己的歷史也都存在分歧——而在多民族背景下的大多數問題，實際的解決方案並不需要達到這種嚴格共識。

我們可以從北愛爾蘭和古吉拉特邦[2]這兩個分離主義色彩強烈的地區汲取經驗教訓，如同休史東和瓦爾許尼這兩位學者分別對這兩個地區的研究所顯示的，當地公民已經建立起連結，創造了混合和足夠的共同歸屬感，以防止或修復當地無論在種族上或信仰社群上的裂痕。一系列針對包括溫哥華在內的中心城市所做的民族學研究也顯示，由下而上在鄰里居民間建立起來的談判協商與友誼，可以促進不同族群間友善的交流形式，希伯特稱之為「地方層次的世界主義」，雖然這並不是一個線性的發展過程，但假以時日，也可以改變後續世代的行事風格。

2 古吉拉特邦（Gujarat），印度最西部的邦，甘地出生於此邦，因其工業化程度較高，又富藏石油與天然氣，農業亦發達，二〇一一年《經濟學人》曾將其形容為印度的廣東省。現在則發展為印度民族主義中心，穆斯林和印度人之間有種族及經濟上的隔閡。

跨文化主義應該被視為是一種沒有必然設下終點的新興過程。整個計畫需要清楚意識到，跨種族的混合與對話短期內有可能會造成更多衝突，所以跨種族的正式接觸，如果能夠慎重規畫、持續觀察並且管理交流脈絡，結果應當更有成效。大量的個案研究提供了經驗教訓，但每個案例的情況都是獨特的，需要了解當地的情況，也需要當地人主動倡議，並以民主的形式決定各種跨族群的活動和討論形式。另一方面，在地方和國家層面，顯然必須以更寬容的方法來處理跨國處境頻繁的時代身分認同的多元性。特別是，沒有足夠令人信服的理由說明，民眾對國家的忠誠度（例如體育活動中）應該勝過對其他的忠誠度。

還有一些可概括的過程和制度形式，例如阿耶雷・沙雀所領軍的「變革性調解」，以及葛利羅倡導的「多樣性體制間的對話」。葛利羅的研究引用移民到英國的印度人和錫克教徒，要求死後火化過程要納入他們的某些葬禮儀式，後來法院和地方當局都受理了這項請求，就是很好的例子，或許還能稱得上是示範了跨族群之間的對話如何導致各方都能接受的折衷方案。最近在歐洲和北美堪稱最佳範例的跨文化研究計畫，當數菲爾・伍德和查爾斯・藍德利在二〇〇八年出版的《跨文化城市》。書中討論到的案例從「伯恩利青年劇場」[3]到「奧爾德姆團結」[4]，社區體育計畫，丹麥的圖書館，溫哥華的社區住宅，鹿特丹的「默茲河畔交流中心」[5]計畫，和杜林的「衝突的創造性管理」計畫，都是把「跨文化調解者」放到街頭去跟年輕人、街頭小販、新移民和老居民一起活動，「以便理解正在發生的新興趨勢，為可能發生的爭端預作準備，找出彼此的共同點並建立聯合企業」。杜林的計畫一開始是由八位工人串聯發起，他們分別出身於阿爾及利亞、剛果、摩洛哥、塞爾維亞、秘魯、巴西和義大利：正

---

3 伯恩利青年劇場（Burnley Youth Theater）位於英國蘭開夏郡伯恩利社區中心，成立於一九七三年，是由義工所經營的劇場，一九九六年成為慈善機構，二〇〇五年劇院落成，成為該城推動社群凝聚力的中心，並關注心理健康、強迫婚姻、兒童性剝削和LGBTQ等問題。

4 奧爾德姆團結（Oldham Unity）：小型的義工組織，由當地義工和來自各種信仰（和無信仰）的難民組成，對難民提供食物、衣服、健康與法律諮詢等服務。

5 默茲河畔交流中心（Mixen aan de Maas）：荷蘭第二大城鹿特丹，擁有六十萬居民，來自一百七十個國家的人居住在此，移民及其後裔占該城人口的五十一％。作為多民族共存計畫的交流中心（Mixen aan de Maas-Welcome to Rotterdam: Mixing by the River Maas），除協助新移民適應之外，並積極建立城市的身分認同。

好就是為了處理若干歐洲和北美城市新興的「超級多樣性」所需要的群體。

然而，跨文化主義需要投入充足的資金來發展，就像過去多元文化主義一樣。而且沒辦法靠跨文化主義本身來對付種族主義、少數族群所受到的不公平待遇、或者更廣義的階級與性別不平等。這些問題對多種族之間維持以禮相待以及保存社會約束力，在私營化日漸加劇、消費主義盛行的社會面對去工業化的挑戰，地方上又有分離主義的少數族群要求建立次級國家，而且劇烈刪減社福預算的情況下至關重要。跨文化主義也需要在性別議題、老年議題以及各式各樣其他身分認同與利益分配交叉橫割之際，建立起相應的橋接；跨文化主義必須遠離一個將種族或信仰凌駕其他身分認同的世界。然而，全球性的不平等依舊原封未解，而這些不平等，正是驅策群眾從南到北、由東向西遷徙移居的最主要的動力。

and Citizenship: A European Approach (Routledge, 2006)

S. Saggar, *Pariah Politics: Understanding Western Islamic Radicalism and What Should Be Done* (Oxford University Press, 2009)

結論：繼續向前

Y. Alibhai-Brown, *After Multiculturalism* (Foreign Policy Centre, 2000)

K. Bhambra, *Rethinking Modernity: Postcolonialism and the Sociological Imagination* (Palgrave Macmillan, 2007)

W. Brown, *Regulating Aversion: Tolerance in the Age of Identity and Empire* (Princeton University Press, 2006)

S. Hall, 'The Multicultural Question', in B. Hesse (ed.), *Un/settled Multiculturalisms* (Zed Press, 2000)

J. Hobson, *The Eastern Origins of Western Civilization* (Cambridge University Press, 2004)

R. Wilkinson and K. Pickett, *The Spirit Level: Why More Equal Societies Almost Always Do Better* (Allen Lane, 2009)

延伸閱讀

第一章——什麼是多元文化主義？

R. Hewitt, *White Backlash and the Politics of Multiculturalism* (Cambridge University Press, 2005)

W. Kymlicka and B. He (eds.), *Multiculturalism in Asia* (Oxford University Press, 2005)

第二章——多元文化主義不利於女性嗎？

S. Benhabib, *The Claims of Culture: Equality and Diversity in a Global Era* (Princeton University Press, 2002)

第三章——多元文化主義造成了族群區隔與「平行生活」嗎？

S. Body-Gendrot, 'Police Marginality, Racial Logics and Discrimination in the *Banlieues* of France', *Ethnic and Racial Studies*, 33 (4) (2009): 656–74

第四章——「種族融合」、階級不平等與「社群凝聚力」

J. Flint and D. Robinson (eds.), *Community Cohesion in Crisis?* (Policy Press, 2008)

第五章——國家認同、歸屬感以及穆斯林問題

J. Cesari, *When Islam and Democracy Meet: Muslims in Europe and the US* (Palgrave Macmillan, 2004)

J. Klausen, *The Cartoons that Shook the World* (Yale University Press, 2009)

T. Modood, A. Trandafyllidou, and R. Zapata (eds.), *Multiculturalism, Muslims mocracy and Difference: Contesting the Boundaries of the Political* (Princeton University Press, 1996)

B. Parekh, *Rethinking Multiculturalism: Liberalism and Cultural Diversity*, 2nd edn. (Palgrave Macmillan, 2005)

B. Parekh, *A New Politics of Identity: Political Principles for an Interdependent World* (Palgrave Macmillan, 2008)

Runnymede Trust Commission, *The Future of Multi-Ethnic Britain* (Profile Books, 2000)

A. Schachar, *Multicultural Jurisdictions: Cultural Differences and Women's Rights* (Cambridge University Press, 2001)

K. Schmid, M. Hewstone, J. Hughes, R. Jenkins, and E. Cairns, 'Residential Segregation and Intergroup Contact: Consequences for Intergroup Relations, Social Capital and Social Identity', in M. Wetherell (ed.), *Theorizing Identities and Social Action* (Palgrave Macmillan, 2009)

A. Sen, 'Culture and Human Rights', in his *Development as Freedom* (Oxford University Press, 1999)

A. Sen, *The Argumentative Indian: Writings on Indian History, Culture and Identity* (Picador, 2005)

J. Tully, 'Struggles over Recognition and Redistribution', *Constellations*, 7(4) (2000): 469–82

J. Tully, 'Recognition and Dialogue: The Emergence of a New Field', *Critical Review of International Social and Political Philosophy*, 7(3) (2004): 84–106

A. Varshney, *Ethnic Conflict and Civic Life: Hindus and Muslims in India*, 2nd edn. (Yale University Press, 2003)

S. Vertovec and S. Wessendorf (eds.), *The Multiculturalism Backlash: European Discourses, Policies and Practices* (Routledge, 2010)

P. Wood and C. Henry, *The Intercultural City: Planning for Diversity Advantage* (Earthscan, 2008)

S. Zubaida, 'The London Bombs: Iraq or the "Rage of Islam"?', http://www.OpenDeomcracy.net, 2 August 2005

結論：繼續向前

A. Amin, 'Ethnicity and the Multicultural City: Living with Diversity', *Environment and Planning A*, 34 (2002): 959–80

'Bagehot', 'In Praise of Multiculturalism', *The Economist*, 16 June 2007

M. Bernal, *Black Athena: The Afro-Asiatic Roots of Classical Civilization* (Free Association Books, 1987)

A. Giddens, 'Misunderstanding Multiculturalism', *The Guardian*, 14 October 2006

N. Glazer, *We Are All Multiculturalists Now* (Harvard University Press, 1997)

J. Goody, *The East in the West* (Cambridge University Press, 1996)

J. Goody, *The Theft of History* (Cambridge University Press, 2006)

J. Goody, *The Eurasian Miracle* (Polity Press, 2010)

R. Grillo, *Contesting Diversity in Europe: Alternative Regimes and Moral Orders* (Max Planck Institute MMG Working Paper 10_02, 2010)

M. Hewstone, N. Tausch, J. Hughes, and E. Cairns, 'Prejudice, Intergroup Contact and Identity: Do Neighbourhoods Matter?', in M. Wetherell, M. Lafleche, and R. Berkeley (eds.), *Identity, Ethnic Diversity and Community Cohesion* (Sage, 2007)

D. Hibbert, 'Cosmopolitanism at the Local Level: The Development of Transnational Neighbourhoods', in S. Vertovec and R. Cohen (eds.), *Conceiving Cosmopolitanism: Theory, Context and Practice* (Oxford University Press, 2002)

D. Hollinger, *Postethnic America: Beyond Multiculturalism*, 2nd edn. (Basic Books, 2000)

C. Mouffe, 'Democracy, Power and the "Political"', in S. Benhabib (ed.), *De-*

E. Hobsbawm, 'In Search of British Values', *Prospect*, October 2007
Home Office and Foreign and Commonwealth Office, *Young Muslims and Extremism* (www.times-archive.co.uk/online specials/cabinet.pdf
S. Huntington, *The Clash of Civilizations and the Remaking of the World Order* (Simon and Schuster, 1996)
W. Laquer, *The Last Days of Europe: Epitaph for an Old Continent* (Thomas Dunne, 2007)
A. Lentin, 'The Intifada of the Banlieues', http://www.OpenDemocracy.net, 17 November 2005
P. Lewis, *Young, British and Muslim* (Continuum, 2007)
S. Malik, 'My Brother the Bomber: The Inside Story of 7/7 Leader Mohammad Siddique Khan', *Prospect*, June 2007
D. Marquand, ' "Bursting with Skeletons": Britishness after Empire', in A. Gamble and T. Wright (eds.), *Britishness: Perspectives on the Britishness Question* (Wiley-Blackwell, 2009)
A. Mondal, *Young British Muslim Voices* (Greenwood, 2008)
A. Rattansi, 'On Being and Not Being Brown/Black British: Racism, Class and Sexuality in Post-Imperial Britain', in J.-A. Lee and J. Lutz (eds.), *Situating 'Race' and Racisms in Time, Space, and Theory* (Queen's Unversity Press, 2005)
O. Roy, *Globalised Islam: The Search for a New Ummah* (2002) (Columbia University Press, 2004)
D. Watson, 'Citizenship Lessons "Nationalistic and Politically Skewed" ', http://www.timesonline.co.uk/tolnews/uk/education/article5476080
F. Zakaria, 'The Jihad against the Jihadis: How Moderate Muslim Leaders Waged War on Extremists – and Won', *Newsweek*, 22 February 2010
S. Zubaida, 'Is There a Muslim Society?', *Economy and Society*, 24(2) (1995): 151–88

tree Foundation, 2006)

第五章——國家認同、歸屬感以及穆斯林問題

K. Ajebgo, *Diversity and Citizenship: Curriculum Review* (DfES, 2007)
M. Alam (ed.), *Made in Bradford* (Route Books, 2008)
C. Alexander, *The Art of Being Black* (Oxford University Press, 1996)
P. Bagguley and Y. Hussain (eds.), *Riotous Citizens: Ethnic Conflict in Multicultural Britain* (Ashgate, 2008)
R. Ballard (ed.), *Desh Pardesh: The South Asian Presence in Britain* (Hurst, 1994)
T. Blair, 'Multiculturalism and Britishness', (www.telegraph.co.uk/news, 9 December 2006)
G. Brown, 'The Future of Britishness', Speech at the Fabian Britishness Conference, 14 January 2006, http://www. fabiansociety.org.uk/press_office/news)
C. Caldwell, *Reflections on the Revolution in Europe: Immigration, Islam and the West* (Allen Lane, 2009)
L. Colley, *Britishness in the 21st Century* (Millenium Lecture, London School of Economics and Foreign and Commonwealth Office, 1999)
R. Colls, 'In Search of British Values', *Prospect*, October 2007
J. Esposito and D. Mogahed, *Who Speaks for Islam? What a Billion Muslims Really Believe* (Gallup Press, 2007)
M. Farrar, 'Leeds Footsoldiers and London Bombs', http://www.OpenDemocracy.net, 21 July 2005
S. Glyn, 'Bengali Muslims: The New East End Radicals?', *Ethnic and Racial Studies*, 23(6) (2002): 969–88
A. Heath, J. Martin, and G. Elgenius, 'Who Do We Think We Are? The Decline of Traditional Identities', in A. Park (ed.), *British Social Attitudes: The 23rd Report* (Sage, 2007)

Barricades? (Community Development Foundation, 2004)
D. Goodhart, 'Too Diverse?', *Prospect*, February 2004
P. Hall, 'Social Capital in Britain', *British Journal of Political Science*, 28 (1999): 417–61
M. Hickman, H. Crowley, and N. Mai, *Immigration and Social Cohesion in the UK: The Rhythms and Realities of Everyday Life* (Joseph Rowntree Foundation, 2008)
M. Hudson, J. Phillips, K. Ray, and H. Barnes, *Social Cohesion in Diverse Communities* (Joseph Rowntree Foundation, 2007)
M. Keith, 'Between Being and Becoming? Rights, Responsibilities and the Politics of Multiculture in the New East End', *Sociological Research Online*, 13(5) (2008)
N. Letki, 'Does Diversity Erode Social Cohesion? Social Capital and Race in British Neighbourhoods', *Political Studies*, 56: 99–126
R. Moore, 'Careless Talk: A Critique of Dench, Gavron and Young's *The New East End*', *Critical Social Policy*, 28(3) (2008): 349–60
B. Parekh, 'What Are Civilized Rules?', *Prospect*, March 2004
R. Putnam, *Bowling Alone: The Collapse and Revival of American Community* (Simon and Schuster, 2000)
R. Putnam and L. Feldstein, *Better Together: Restoring the American Community* (Simon and Schuster, 2003)
A. Rattansi, 'Who's British?: *Prospect* and the New Assimilationism', in R. Berkeley (ed.), *Cohesion, Community and Citizenship* (Runnymede Trust, 2002)
P. Taylor-Gooby, 'Is the Future American? Or, Can Left Politics Preserve European Welfare States from Erosion through Growing "Racial" Diversity?', *Journal of Social Policy*, 34(4) (2005): 661–72
R. Zetter, D. Griffiths, N. Sigona, D. Flynn, T. Pasha, and R. Beynon, *Immigration, Social Cohesion and Social Capital: What Are the Links?* (Joseph Rown-

Lives (UCL Press, 1996)

K. Banting and W. Kymlicka, 'Canada, Not America', *Prospect*, March 2004

K. Banting and W. Kymlicka, 'Multiculturalism and the Welfare State: Setting the Context', in K. Banting and W. Kymlicka (eds.), *Multiculturalism and the Welfare State: Recognition and Redistribution in Contemporary Democracies* (Oxford University Press, 2006)

T. Blair, 'Britishness and Multiculturalism', http://www.telegraph.co.uk/news/migrationtemp/1536354/Full-text-of Blairs-multiculturalism-speech

S. Clarke, R. Gilmour, and S. Garner, 'Home, Identity and Community Cohesion', in M. Wetherell, M. Lafleche, and R. Berkeley (eds.), *Identity, Ethnic Diversity and Community Cohesion* (Sage, 2007)

S. Clarke, S. Garner, and R. Gilmour, 'Imagining the Other/Figuring Encounter: White English Middle Class and Working Class Identifications', in M. Wetherell (ed.), *Identity in the 21st Century: New Trends in Changing Times* (Palgrave Macmillan, 2009)

Commission on Integration and Cohesion, *Our Shared Future* (Commission on Integration and Cohesion, 2007)

G. Dench, K. Gavron, and M. Young, *The New East End: Kinship, Race and Conflict* (Profile Books, 2006)

R. Forrest and A. Kearns, 'Social Cohesion, Social Capital and the Neighbourhood', *Urban Studies* 38(12) 2001: 2125–43

S. Garner, 'Home Truths: The White Working Class and the Racialization of Social Housing', in K. Sveinsson (ed.), *Who Cares about the White Working Class?* (Runnymede Trust, 2009)

K. Gavron, 'Acknowledged Identities: A Common Endeavour or Wider Hostilities', in M. Wetherell, M. Lafleche, and R. Berkeley (eds.), *Identity, Ethnic Diversity and Community Cohesion* (Sage, 2007)

A. Gilchrist, *Community Development and Community Cohesion: Bridges or*

2nd edn. (Routledge, 2007)
A. Korteweg, 'The Murder of Theo van Gogh: Gender, Religion and the Struggle over Immigrant Integration in the Netherlands', in Y. Bodemann and G. Yurdakul (eds.), *Migration, Citizenship, Ethnos* (Palgrave Macmillan, 2006)
M. Macey, 'Gender, Class and Religious Influences on Changing Patterns of Pakistani Muslim Male Violence in Bradford', *Ethnic and Racial Studies*, 22(5) (1999): 845–66
K. Malik, *From Fatwa to Jihad: The Rushdie Affair and its Legacy* (Atlantic Books, 2009)
L. Mucchielli, 'Autumn 2005: A Review of the Most Important Riot in the History of French Contemporary Society', *Journal of Ethnic and Migration Studies*, 35(5) (2009): 731–51
H. Ouseley, *Community Pride Not Prejudice* (Bradford Vision, 2001)
C. Peach, 'Does Britain Have Ghettoes?', *Transactions of the Institute of British Geographers*, New Series 22 (1996): 216–35
D. Phillips, 'Parallel Lives? Challenging Discourses of British Muslim Self-Segregation', *Environment and Planning D: Society and Space*, 24 (2006): 25–40
D. Ritchie, *One Oldham, One Future* (Oldham Independent Review, 2001)
P. Sniderman and L. Hagendoorn, *When Ways of Life Collide: Multiculturalism and its Discontents in the Netherlands* (Princeton University Press, 2007)
J. Solomos and L. Back, *Race, Politics and Social Change* (Routledge, 1995)
A. Touraine, *Can We Live Together? Equality and Difference* (1997) (Polity Press, 2000)

第四章——「種族融合」、階級不平等與「社區凝聚力」

B. Arneil, *Diverse Communities: The Problem with Social Capital* (Cambridge University Press, 2006)
L. Back, *New Ethnicities and Urban Culture: Racisms and Multiculture in Young*

Denmark into Turmoil', *The Guardian*, 16 May 2007

第三章——多元文化主義造成了族群區隔與「平行生活」嗎？

P. Bagguley and Y. Hussain, *Riotous Citizens: Ethnic Conflict in Multicultural Britain* (Ashgate, 2008)

T. Cantle, *Community Cohesion: A Report of the Independent Review Team* (The Home Office, 2001)

A. Carling, 'The Curious Case of the Mis-claimed Myth Claims: Ethnic Segregation, Polarisation and the Future of Bradford', *Urban Studies*, 45(3) (2008): 553–89

T. Clarke, *Report of the Burnley Task Force* (Burnley Task Force, 2002)

J. Denham, *Building Cohesive Communities: A Report of the Ministerial Group on Public Order and Community Cohesion* (The Home Office, 2002)

D. Duprez, 'Urban Rioting as an Indicator of Crisis in the Integration Model for Ethnic Minority Youth in France', *Journal of Ethnic and Migration Studies*, 35(5) (2009): 753–70

E. Engelen, 'Through a Looking Glass, Darkly', *Ethnicities*, 8(1) (2008): 128–33

H. Entzinger, 'Changing the Rules While the Game is On: From Multiculturalism to Assimilation in the Netherlands', in Y. Bodemann and G. Yurdakul (eds.), *Migration, Citizenship, Ethnos* (Palgrave Macmillan, 2006)

H. Entzinger, 'Different Systems, Similar Problems: The French Urban Riots from a Dutch Perspective', *Journal of Ethnic and Migration Studies*, 35(5) (2009): 815–34

M. Farrar, *The Struggle for 'Community' in a British Multi-Ethnic Inner City Area* (Edwin Mellen, 2002)

N. Finney and L. Simpson, *Sleepwalking into Segregation?: Challenging Myths about Race and Migration* (Policy Press, 2009)

A. Hargreaves, *Multi-Ethnic France: Immigration, Politics, Culture and Society*,

S. Vertovec and S. Wessendorf (eds.), *The Multiculturalism Backlash: European Discourses, Policies and Practices* (Routledge, 2010)

第二章——多元文化主義不利於女性嗎？

R. Aly, 'My Life as an Undercover Muse-lim', *The Guardian*, 15 February 2010

J. R. Bowen, *Why the French Don't Like Headscarves: Islam, the State and Public Space* (Princeton University Press, 2007)

M. Dustin and A. Phillips, 'Whose Agenda Is It? Abuses of Women and Abuses of "Culture" in Britain', *Ethnicities*, 8(3) (2008): 405–24

A. Hargreaves, *Multi-Ethnic France: Immigration, Politics, Culture and Society*, 2nd edn. (Routledge, 2007)

R. Hasan, *Multiculturalism: Some Inconvenient Truths* (Politico's, 2010)

S. Okin, 'Is Multiculturalism Bad for Women?', in J. Cohen, M. Howard, and M. Nussbaum (eds.), *Is Multiculturalism Bad for Women?* (Princeton University Press, 1999)

B. Parekh, *Rethinking Multiculturalism*, 2nd edn. (Palgrave Macmillan, 2005)

A. Phillips, *Multiculturalism without Culture* (Princeton University Press, 2007)

O. Roy, *Globalised Islam: The Search for a New Ummah* (2002) (Columbia University Press, 2004)

R. Schweder, ' "What about Female Genital Mutilation?" And "Why Understanding Culture Matters in the First Place" ', in R. Schweder, M. Minow, and H. R. Markus (eds.), *Engaging Cultural Differences: The Multicultural Challenge in Liberal Democracies* (Russell Sage Foundation, 2002)

J. W. Scott, *The Politics of the Veil* (Princeton University Press, 2007)

B. Siim and H. Skjeie, 'Tracks, Intersections and Dead Ends: Multicultural Challenges to State Feminism in Denmark and Norway', *Ethnicities*, 8(3) (2008): 322–44

I. Traynor, 'Feminist, Socialist, Devout Muslim: Woman Who Has Thrown lands', in C. Joppke and E. Morawska (eds.), *Toward Assimilation and Citizenship: Immigrants in Liberal Nation-States* (Palgrave Macmillan, 2003)

A. Favell, *Philosophies of Integration: Immigration and the Idea of Citizenship in France and Britain*, 2nd edn. (Palgrave Macmillan, 2001)

J. S. Fetzer and J. C. Soper, *Muslims and the State in Britain, France and Germany* (Cambridge University Press, 2005)

N. Fraser, 'From Redistribution to Recognition? Dilemmas of Justice in a "Postsocialist" Age', in N. Fraser, *Justice Interruptus: Critical Reflections on the 'Postsocialist' Condition* (Routledge, 1997)

T. Gitlin, *The Twilight of Common Dreams: Why America is Wracked by Culture Wars* (Metropolitan Books, 1995)

R. Hasan, *Multiculturalism: Some Inconvenient Truths* (Politico's, 2010)

W. Kymlicka, *Multicultural Odysseys* (Oxford University Press, 2007)

K. Malik, *From Fatwa to Jihad: The Salman Rushdie Affair and its Legacy* (Atlantic Books, 2009)

B. Parekh, 'Redistribution or Recognition? A Misguided Debate', in S. May, T. Modood, and J. Squires (eds.), *Ethnicity, Nationalism and Minority Rights* (Cambridge University Press, 2004)

B. Prins and S. Saharso, 'In the Spotlight: A Blessing and a Curse for Immigrant Women in the Netherlands', *Ethnicities*, 8(3) (2008): 365–84

M. Schain, 'Minorities and Immigrant Incorporation in France', in C. Joppke and S. Lukes (eds.), *Multicultural Questions* (Oxford University Press, 1999)

K. Schönwälder, 'Germany: Integration Policy and Pluralism in a Self-conscious Country of Immigration', in S. Vertovec and S. Wessendorf (eds.), *The Multiculturalism Backlash: European Discourses, Policies and Practices* (Routledge, 2010)

C. Taylor, 'The Politics of Recognition', in A. Gutmann (ed.), *Multiculturalism and the Politics of Recognition* (Princeton University Press, 1994)

參考資料

引言

B. Barry, *Culture and Equality: An Egalitarian Critique of Multiculturalism* (Polity Press, 2001)

W. Kymlicka, *Multicultural Citizenship: A Liberal Theory of Minority Rights* (Oxford University Press, 1995)

B. Parekh, *Rethinking Multiculturalism: Liberalism and Cultural Diversity*, 2nd edn. (Palgrave Macmillan, 2005)

A. Rattansi, 'Changing the Subject? Racism, Culture and Education', in J. Donald and A. Rattansi (eds.), *'Race', Culture and Difference* (Sage, 1992)

P.-A. Taguieff, *The Force of Prejudice* (1987) (University of Minnesota Press, 2001)

C. Taylor, 'The Politics of Recognition', in A. Gutmann (ed.), *Multiculturalism and the Politics of Recognition* (Princeton University Press, 1994)

S. Vertovec, 'Super-Diversity and its Implications', *Ethnic and Racial Studies*, 30(6) (2007): 1024–54

第一章——什麼是多元文化主義？

Y. Alibhai-Brown, *After Multiculturalism* (Foreign Policy Centre, 2000)

K. Banting, R. Johnston, W. Kymlicka, and S. Soroka, 'Do Multiculturalism Policies Erode the Welfare State?', in K. Banting and W. Kymlicka (eds.), *Multiculturalism and the Welfare State: Recognition and Redistribution in Contemporary Democracies* (Oxford University Press, 2006)

H. Entzinger, 'The Rise and Fall of Multiculturalism: The Case of the Nether-

奧爾德姆（英國）Oldham
奧爾德姆團結 Oldham Unity
微維歐卡，米歇兒 Michel Wieviorka
愛資哈爾大學 Al-Azhar University
新保守主義 neo-con
新現實主義 new realism
楊恩，麥可 Michael Young
經濟及社會理事會 Economic and Social Council
罩袍 burka
聖戰者 jihadist
葛利羅，拉爾夫 Ralph Grillo
葛里芬，尼克 Nick Griffin
葛林，莎拉 Sarah Glynn
詹金斯，羅伊 Roy Jenkins
賈納，史蒂夫 Steve Garner
跨文化主義 interculturalism
跨文化調解者 intercultural mediators
跨國主義 transnationalism
路易斯，菲利浦 Philip Lewis
道德曖昧性 moral ambiguities
達斯汀，莫伊拉 Moira Dustin
達盧爾烏魯姆德奧班德運動 Darul Uloom Deoband movement
圖雷納，阿蘭 Alain Touraine
漢生，藍道 Randall Hansen
種族平等委員會 Commission for Racial Equality (CRE)
種族平等委員會 Racial Equality Councils
種族審議 Race Review
種族關係法案 Race Relations Acts
種族關係研究所 Institute of Race Relations
種族關係修正案 Race Relations Amendment Act
維托威克，史蒂文 Steven Vertovec
蓋達組織 Al Qaeda
賓拉登 Bin Laden
赫蒙族 Hmong
遜尼派 Sunni
齊柏林飛船 Led Zeppelin
墨菲，尚塔爾 Chantal Mouffe
德納姆，約翰 John Denham
歐肯，蘇珊 Susan Moller Okin
歐洲人權公約 European Convention on Human Rights
歐洲仇外與種族主義監測中心 European Monitoring Centre on Xenophobia and Racism
歐洲共同經濟體 European Community
歐斯利，赫爾曼 Herman Ouseley
衝突的創造性管理 creative management of conflict
魯西迪，薩爾曼 Salman Rushdie
澤特，羅傑 Roger Zetter
穆切利，勞倫 Laurent Muchielli

紐漢婦女計畫 Newham Women's Project
索洛莫斯，約翰 John Solomos
馬丁，吉恩 Jean Martin
馬利克，凱南 Kenan Malik
馬昆德，大衛 David Marquand
馬格里布 Maghreb
馬爾默（瑞典）Malmö
馬蘭奇，加布里耶勒 Gabriele Marranci
高芙蓉，凱特 Kate Gavron
國民陣線（英國）National Front
國民保健服務 National Health Service (NHS)
國際敏感度 International sensibilities
基思，米歇 Michel Keith
寇特維格，安娜 Anna Korteweg
強迫婚姻 forced Marriage
教令 fatwa
曼達爾，安舒曼 Anshuman Mondal
梅西，瑪莉 Marie Macey
梅克爾，安格拉 Angela Merkel
梅傑，約翰 John Major
梵高，西奧 Theo van Gogh
移民及國民身分部 Ministry of Immigration and National Identity
移民融合的共同基本原則 Common Basic Principles for Immigrant Integration
移民融合高等委員會 Haut Conseil à l'Intégration (HCI)
紹索爾黑人姊妹 Southall Black Sisters
莫斯賽德（曼徹斯特）Moss Side
陰蒂切除術 clitoridectomy
麥克弗森報告 Macpherson Report
創造論 creationism
圍巾 foulard
斯多克城 Stoke on Trent
斯旺報告 Swann Report
斯凱，荷格 Hege Skjeie
斯塔西委員會 the Stasi Commission
斯圖加特（德國）Stuttgart
普林斯，包姬雅 Baukje Prins
普特南，羅伯 Robert Putnam
智慧設計論 intelligent design
華生，大衛 David Watson
菲利普斯，崔佛 Trevor Phillips
菲利普斯，黛博拉 Deborah Phillips
菲莉普斯，安 Ann Phillips
萊斯特（英國）Leicester
費策，喬爾 Joel S. Fetzer
超級多樣性 superdiversity
開放社會研究所 The Open Society Institute
黑暗時代 Dark Ages
塔利，詹姆斯 James Hamilton Tully
奧利維爾・羅伊 Olivier Roy

金利卡，威爾 Will Kymlicka
阿卜杜勒—哈米德，阿斯瑪 Asmaa Abdol-Hamid
阿尼爾，芭芭拉 Barbara Arneil
阿克巴 Jalal-ud-din Muhammad Akbar
阿里，阿雅安・希爾西 Ayaan Hirshi Ali
阿拉木 M.Y. Alam
阿敏，艾許 Ash Amin
阿傑布哥，奇斯 Keith Ajebgo
阿麗巴伊—布朗，雅斯旻 Yasmin Alibhai-Brown
哈克尼（倫敦一區）Hackney
哈姆雷特塔自治市 Tower Hamlets
哈根多恩，盧克 Louk Hagendoorn
哈格里夫斯，亞歷克 Alec Hargreaves
哈桑，魯米 Rumy Hasan
哈德森，瑪麗亞 Maria Hudson
城市敏感區 Zones Urbaines Sensibles (ZUS)
城市騷亂 urban disorder
帝國疾風號 SS Windrush
後殖民研究 post-colonial studies
政教分離法 Separation Law
政策交流報告 Policy Exchange Report
施維德，理查 Richard Schweder
柏納爾，馬丁 Martin Bernal
柯爾斯，羅伯 Robert Colls
皇家雙語及雙文化委員會 Royal Commission on Bilingualism and Biculturalism
科麗，琳達 Linda Colley
紀登斯，安東尼 Anthony Giddens
約瑟夫・朗特里基金會 Joseph Rowntree Foundation
胡珊，雅思敏 Yasmin Hussein
英國高級專員公署 British High Commission
英國國家黨 British National Party
面紗 voile
倫敦交通局 London Transport
夏恩，馬汀 Martin Schain
奚斯，安東尼 Anthony Heath
宰牲節 Aid-El-Kabir
恩青格，漢 Han Entzinger
恩格倫，埃瓦德 Ewald Engelen
格雷澤，內森 Nathan Glazer
泰比，諾曼 Norman Tebbit
泰勒，查爾斯 Charles Taylor
泰勒—古比，彼得 Peter Taylor-Gooby
海菲爾德（英格蘭萊斯特內城區）Highfields
烏瑪 ummah
班廷，凱斯 Keith Banting

自由黨 Freedom Party
艾利，瑞摩娜 Remona Aly
艾塞克斯郡 Essex
艾爾金尼斯，加布里艾拉 Gabriella Elgenius
血統主義 ius sanguinis
西姆，比爾特 Birte Siim
伯尼吉中學 Burnage High School
伯恩利（英國）Burnley
伯恩利青年劇場 Burnley Youth Theater
何梅尼，阿育托 Ayatollah Khomeini
佛杜恩，皮姆 Pim Fortuyn
佛瑞斯特，瑞 Ray Forrest
佛雷澤，南希 Nancy Fraser
佛拉芒人 Flemish
克雷伊（巴黎近郊）Creil
坎特和丹翰報告 Cantle and Denham Reports
坎特，泰德 Ted Cantle
希伯特，丹尼爾 Daniel Hibbert
希克曼，瑪麗 Mary Hickman
希賈布 jilbab
李文斯頓，肯 Ken Livingstone
杜普雷茲，多米尼克 Dominique Duprez
沈恩，阿馬蒂亞 Amartya Sen
沙雀，阿耶雷 Ayelet Shachar
貝格利，保羅 Paul Bagguley
貝爾法斯特 Belfast
身分（認同）政治 identity politics
身分認同真空 Identity Vacuum
辛普森，魯迪 Ludi Simpson
邦喬飛 Bon Jovi
亞歷山大，克蕾兒 Claire Alexander
宜居荷蘭黨 Leefbaar Nederland
帕雷克，比胡 Bhikhu Chotlal Parekh
拉夸爾，華特 Walter Laqueur
杭廷頓，山謬 Samuel Huntington
治理術 Governmentality
法伊薩・M Faiza M
法老的割禮 Pharaonic circumcision
法威爾，阿德里安 Adrian Favell
法勒，馬克斯 Max Farrar
法國國家統計局 French Office for National Statistics
波士尼亞 Bosnia
社群聯絡處 Community Liaison Unit
社區警察 police de proximité
社會存有者 social beings
社會資本 social capital
社群主義 communitarianism
社群凝聚力 community cohesion
社群凝聚力探路者計畫 Community Cohesion Pathfinder Programme
肯認政治 politics of recognition
芬尼，妮莎 Nissa Finney
金匠學院 Goldsmith College

史奈德曼，保羅 Paul Sniderman
史岱恩，馬克 Mark Steyn
史蒂芬·勞倫斯 Stephen Lawrence
外人 Ausländer
布里克斯頓（倫敦的一區）Brixton
布拉福（英國）Bradford
布拉福報告 Bradford Report
布倫克特，大衛 David Blunkett
平等待遇法 Law on Equal Treatment
札卡利亞，法利德 Fareed Zakaria
瓦爾許尼，阿胥度 Ashutosh Varshney
申瓦爾德，凱倫 Karen Schönwälder
白人遷移 white flight
白芝浩，沃爾特 Walter Bagehot
皮區，塞利 Ceri Peach
伊扎布特（伊斯蘭解放黨）Hizb ut-Tahrir
伊斯蘭未來審議委員會 Deliberative Council on the Future of Islam
伊斯蘭教法 sharia
伍斯諾，羅伯 Robert Wuthnow
伍爾弗漢普頓（英國）Wolverhampton
伍德，菲爾 Phil Wood
休史東，邁爾斯 Miles Hewstone
吉勃遜，梅爾 Mel Gibson
吉特林，托德 Todd Gitlin
吉爾克里斯特，艾莉森 Alison Gilchrist
同化 assimilation
名譽殺人 honour killings
名譽殺人凶殺預防策略工作組 Strategic Homicide Prevention Working Group on Honour Killings
因紐特人 Inuit
在地主義 localism
地方層次的世界主義 Cosmopolitanism at the local level
地理流動性與社會結合 Geographical Mobility and Social Incorporation (MGIS)
多元文化事務辦公室 Office for Multicultural Affairs
多元文化法案 Multicultural Act
多元文化諮詢小組 Multicultural Advisory Group
多族裔委員會 Multi-Ethnic Commission in Britain
安地列斯群島 Antilles
托斯坦 Tostan
托登罕（北倫敦）Tottenham
朱拜達 ，沙米 Sami Zubaida
次國家少數民族 substate national minority
汗，穆罕默德·希迪格 Mohamed Siddique Khan
米利特 millet

名詞對照表

〈太多元？〉Too Diverse?
〈多元文化主義不利於女性嗎？〉Is multiculturalism bad for women?
〈身為黑人的藝術〉The Art of Being Black
《「種族」、文化和差異》*'Race', Culture and Difference*
《大英國協移民法》*Commonwealth Immigration Acts*
《日德蘭郵報》*Jyllands-Posten*
《世界人權宣言》*The Universal Declaration of Human Rights*
《古蘭經》*Qur'an, theh*
《多元文化主義的反彈》*The Multicultureism Backlash*
《如今我們全都是多元文化主義者了》*We Are All Multiculturalists Now*
《西方裡的東方》*The East in the West*
《西發里亞條約》*Treaty of Westphalia*
《我們共享的未來》*Our Shared Future*
《每日電訊報》*Daily Telegraph*
《受難記：最後的激情》*The Passion of Christ*
《帕雷克報告》*Parekh Report*
《服從》*Submission*
《波士頓評論》*Boston Review*
《哈珀柯林斯社會學詞典》*HarperCollins Dictionary of Sociology*
《重新思考多元文化主義》*Rethinking Multiculturalism*
《展望》*Prospect*
《國籍法》*Nationality Act*
《移民限制法》*Immigration Restriction Act*
《萊斯特信使報》*Leicester Mercury*
《黑色雅典娜》*Black Athena*
《奧義書》*Upanishads*
《新身分政治學》*A New Politics of Identity*
《新東區：親屬關係、種族與衝突》*The New East End: Kinship, Race and Conflict*
《經濟學人》*The Economist*
《聖訓》*Hadith*
《跨文化城市》*The Intercultural City*
《對歐洲革命的反思：移民、伊斯蘭與西方》*Reflections on The Revolution in Europe: Immigration, Islam and The West*
《歐洲的末日》*The Last Days of*

左岸政治 343

多元文化主義：牛津非常短講 006

Multiculturalism: A Very Short Introduction

作　　者　阿里・拉坦希（Ali Rattansi）
譯　　者　吳家恆，傅士哲，非爾
總 編 輯　黃秀如
策畫主編　劉佳奇
行銷企劃　蔡竣宇
封面設計　黃暐鵬
內文排版　張瑜卿

社　　長　郭重興
發行人暨出版總監　曾大福
出　　版　左岸文化／遠足文化事業股份有限公司
發　　行　遠足文化事業股份有限公司
231新北市新店區民權路108-2號9樓
電　　話　02-2218-1417
傳　　真　02-2218-8057
客服專線　0800-221-029
E-Mail　rivegauche2002@gmail.com
左岸臉書　facebook.com/RiveGauchePublishingHouse
法律顧問　華洋法律事務所　蘇文生律師

印　　刷　呈靖彩藝有限公司
初版一刷　2022年6月
定　　價　380元

ISBN　978-626-96063-5-1（平裝）
978-626-96094-3-7（EPUB）
978-626-96094-4-4（PDF）

歡迎團體訂購，另有優惠，請洽業務部，02-22181417分機1124、1135

國家圖書館出版品預行編目（CIP）資料

多元文化主義：牛津非常短講006／阿里・拉坦希（Ali Rattansi）著／吳家恆，傅士哲，非爾 合譯
——初版——新北市：左岸文化出版：遠足文化事業股份有限公司發行，2022.06
——面；公分——（左岸政治；343）
譯自：Multiculturalism: A Very Short Introduction
ISBN 978-626-96063-5-1（平裝）
1.CST：多元文化　2.CST：多元文化主義
541.2　111006293